Für Jitka

A WIE ANTARKTIS

ANSICHTEN VOM ANDEREN ENDE DER WELT

KARL RAUCH

Der südlichste Kontinent der Erde heißt eigentlich Antarktika und ist unter diesem Namen in vielen Sprachen bekannt. Im Deutschen wird allgemein der Name Antarktis verwendet, was streng genommen der Name für die um den Südpol gelegenen Land- und Meeresgebiete ist, also für Antarktika und das Südpolarmeer (auch Antarktik genannt). In diesem Buch wird durchweg dieser gebräuchliche Name verwendet, mit Ausnahme jener Stellen, wo es um das Landgebiet geht.

ISBN 978-3-7920-0371-8

INHALT

SOUTH POLAR TIMES 2017 64-65
ERSTER 18-19
WELTKARTEN 16-17
EISBERG 44-45
GEDÄCHTNIS 50-51
WIE WIR SCHAUEN 48-49
DIE WELT WIRD KLEINER 14-15
UNTER WASSER 32-33
MENSCHEN IN DER ANTARKTIS 60-61
CHRONIK EINES LEEREN KONTINENTS 68-69
46-47
WAS WIR BRAUCHEN 62-63
ALLE SÜDPOLE 54-55
NICHTS 66-67
REKORD REKORD REKORD 12-13
ANTARKTISVERTRAG 72-73
8-9 GEGENÜBER DEM BÄREN
TAG UND NACHT 40-41
SERENDIPITÄT 24-25
SEE YOU IN THE FUTURE 74-75
DER ATMENDE PLANET 34-35
ZWEI REISEN INS UNBEKANNTE 20-23
ANTARKTIS 52-53
WO IST UNTEN 6-7
BERÜHRUNG MIT DEM MENSCHEN 70-71

Eine Kugel hat keinen Anfang und kein Ende, auch die Erdkugel nicht. Wo fängt also die Welt an, und wo hört sie auf? Vielleicht ja hier unten ...

ABER MOMENT MAL!

Ist unten wirklich unten? Für wen oder was?

Fangen wir lieber alphabetisch an: A wie Antarktis. Die Antarktis ist der fünftgrößte Erdteil und gleichzeitig der einzige, der nie von Menschen bewohnt war. Sie ist kein Staat, aber eine Landfläche – wem gehört sie denn dann? Kann überhaupt jemand einen Erdteil besitzen? Und das Meer und den Himmel? Muss immer alles irgendwem gehören? Bei der Antarktis ist es anders, sie gehört nämlich allen. Sie mag eine Eiswüste sein, aber sie hat unersetzliche Funktionen: Sie beeinflusst zum Beispiel das Wetter auf der ganzen Welt. Sie ist viel mehr als nur ein zugeschneiter Keks unten auf dem Erdball. Unten? Wirklich? Also gut, versuchen wir erstmal zu verstehen, was unten bedeutet:

?

Seht ihr den weißen Punkt auf der anderen Seite? Ist er unten oder oben? Und wo ist er, wenn ihr das Buch auf den Kopf stellt? Und wenn ihr das Buch über euren Kopf haltet? Ist der Punkt dann immer noch unten? Und wenn ihr im obersten Stockwerk eines Wolkenkratzers seid und euch dort kopfüber das Buch anschaut? Ist er für euch dann oben oder unten? Und für die Freundin, die unten auf der Straße wartet?

Unten – so wie auch oben, nah, fern und so weiter – ist immer auf etwas bezogen. Meistens auf den Ort, von dem wir schauen. Was bleibt uns auch anderes übrig in der Unendlichkeit des Weltraums ...

A
WIE ANTARKTIS

Die alten Griechen betrachteten die Welt als vollkommen symmetrisch und glaubten, dass jeder Erdteil eine Entsprechung auf der anderen Seite der Kugel habe. Obwohl sie es nicht beweisen konnten, überlegten sie sich, dass die Antarktis existieren müsste. Sie dachten sich sogar den Namen aus, mit dem sie sich bis heute schmückt. Sie beobachteten auch Sterne und Sternbilder, gaben ihnen Namen und orientierten sich an ihnen auf Reisen. Dank ihnen kennen wir zum Beispiel den Großen Bären (einen Teil von ihm nennen wir den Großen Wagen) und den Polarstern an seinem Schwanz. Der zeigt genau nach Norden, er war deshalb wichtig für die Navigation zu Wasser und zu Lande. Auf Griechisch heißt Bär „arktos", darum heißt das ganze nördliche Gebiet unter dem Großen Bären Arktis. „Gegenüber dem Bären", also im Süden, bedeutet „antarktiké". Von diesem Wort kommt der Name ANTARKTIS.

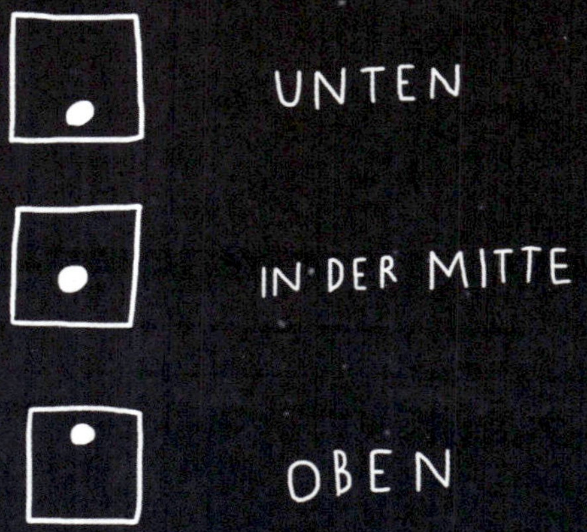

WENN DER PUNKT IN EINEM RAHMEN IST, KANN MAN BESTIMMEN, WO ER SICH BEFINDET. ABER WENN DER RAHMEN FEHLT?

WAS IST DER RAHMEN, DURCH DEN WIR AUF DIE WELT SCHAUEN?

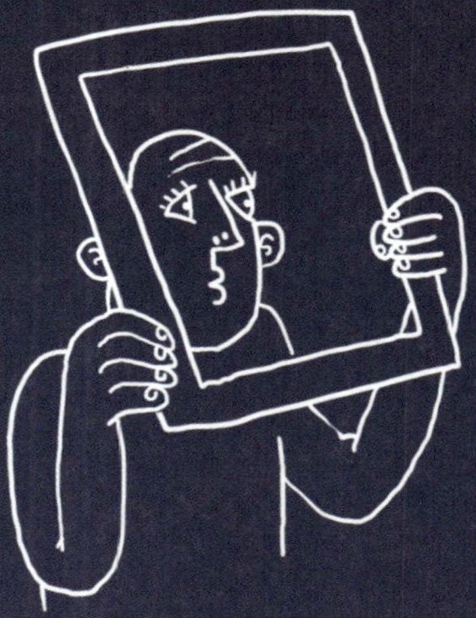

!

Die Griechen waren nie in der Antarktis, dachten sich diese aber als das Gegenteil der ihnen bekannten Welt – ein Land voller Ungeheuer, wo alles genau verkehrt herum ist. Mit den Ungeheuern hatten sie vielleicht nicht ganz Recht, aber mit dem Verkehrtherum haben sie es doch gut getroffen. Was ist hier so anders? Man darf weder Krieg führen noch Rohstoffe fördern noch Gebiete besetzen, die ganze Welt muss sich einigen, wie man sich hier verhält, außerdem sind Erkenntnisse der Forschung über die Antarktis für alle zugänglich. Es scheint fast, dass der Rest der Welt verkehrt herum funktioniert und nur hier alles in Ordnung ist. Vielleicht liegt das daran, dass in der Antarktis nie dauerhaft Menschen gelebt haben. Vielleicht ganz gut so, denn Menschen machen doch meistens nur Ärger …

VON GONDWANA ZUR TERRA AUSTRALIS

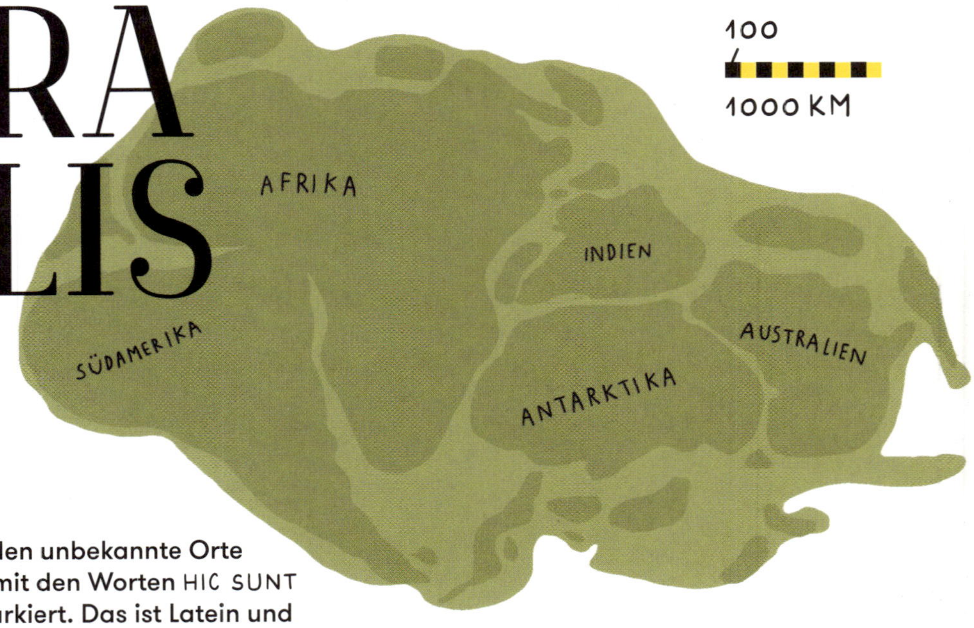

Die tektonischen Platten sind so etwas wie riesige Legosteine, aus denen die Erdkruste zusammengesetzt ist. Die höheren Teile sind das Festland, die niedrigeren Teile werden vom Meer überspült. Die Steinchen des tektonischen Baukastens bewegen sich die ganze Zeit, ungefähr so schnell, wie uns die Fingernägel wachsen. Dort, wo sie aneinanderstoßen, können Erdbeben, Gebirge und Vulkane entstehen. Vor ungefähr 180 Millionen Jahren gehörte Antarktika zu einem Erdteil, der warm und lebendig war. Dieser Urkontinent Gondwana vereinigte damals alle Erdteile der heutigen Südhalbkugel. Er fiel nach und nach auseinander, erst wurde Afrika abgetrennt, dann Indien, Australien und schließlich Südamerika. Als sich alle Platten voneinander entfernt hatten, blieb Antarktika als eigenständiger Kontinent übrig. Heute erforschen Wissenschaftler mithilfe in der Antarktis gefundener Versteinerungen, welche Tiere und Pflanzen hier einst gelebt haben.

Früher wurden unbekannte Orte auf Karten mit den Worten HIC SUNT LEONES markiert. Das ist Latein und bedeutet „hier sind Löwen". Diese Orte waren nur was für die ganz Mutigen. Manchmal wurden unbekannte Gegenden auch als TERRA INCOGNITA bezeichnet, „unbekanntes Land". Und weil die Menschen lange gar nicht wussten, ob im Süden der Welt noch irgendein Erdteil oder Land liegt, trugen sie vom 15. bis zum 18. Jahrhundert in Karten nur die Skizze eines „unbekannten Landes im Süden" ein, lateinisch TERRA AUSTRALIS INCOGNITA.

Schon im Altertum sprachen Aristoteles und Ptolemäus von der Existenz eines solchen Landes, aber es dauerte noch einige Jahrhunderte, bis der erste Mensch es zu Gesicht bekam. Durch Meeresschifffahrt und Überseeentdeckungen wurden die weißen Flecken auf den Landkarten zwar weniger, aber die Antarktis war von einer Mauer aus Eisbergen umgeben, durch die man kaum durchfahren konnte.

Als der berühmte und mutige Seefahrer James Cook, der als Erster den südlichen Polarkreis überquerte, die Eisberge vor sich erblickte, verkündete er: „Ich erlaube mir zu behaupten, dass kein Mensch weiter vordringen wird als ich, und dass das Land, das vielleicht im Süden liegt, niemals erforscht werden wird … Man trifft auf undurchdringlichen Nebel, Schneestürme, starken Frost und viele Schwierigkeiten, welche die Navigation erschweren, und alle Beschwerlichkeiten werden noch gesteigert durch das unaussprechlich furchterregende Aussehen der Landschaft …"

Diese Karte aus dem Jahr 1593 ist das Werk von Gerard de Jode und seinem Sohn Cornelis. Das Original liegt in der Nationalbibliothek in Prag. Faszinierend ist, dass sie den Kontinent abbildet, bevor ihn das erste Mal ein Mensch gesehen hat, weshalb sie eigentlich nur eine Imagination davon darstellt. Außerdem blickt sie vom Weltraum aus auf die Erde. Alles das verlangte damals eine außergewöhnliche Vorstellungskraft, die so bewundernswert ist, dass es nichts ausmacht, wenn sie aus heutiger Sicht veraltet und ungenau ist.

KÄLTE REKORD

Dass es in der Antarktis kalt ist, überrascht wohl kaum jemanden. Fast der ganze Kontinent liegt unter einer Schneedecke. Am kältesten ist es im Binnenland. Die Temperatur bewegt sich in den Wintermonaten von -40 °C bis -70 °C, im Sommer liegt sie bei -10 °C bis -40 °C. Der antarktische Winter fällt in die Zeit von Mai bis Oktober, wenn also auf der Nordhalbkugel gerade Sommer herrscht. Die historisch niedrigste gemessene Temperatur von -89 °C wurde auf der russischen Forschungsstation Wostok am 21. Juli 1983 aufgezeichnet. Die höchste Temperatur in der Antarktis, als das Quecksilber des Thermometers bis auf 17 °C kletterte, wurde am 23. März 2015 auf der tschechischen Station Johann Gregor Mendel gemessen, die auf der James-Ross-Insel liegt.

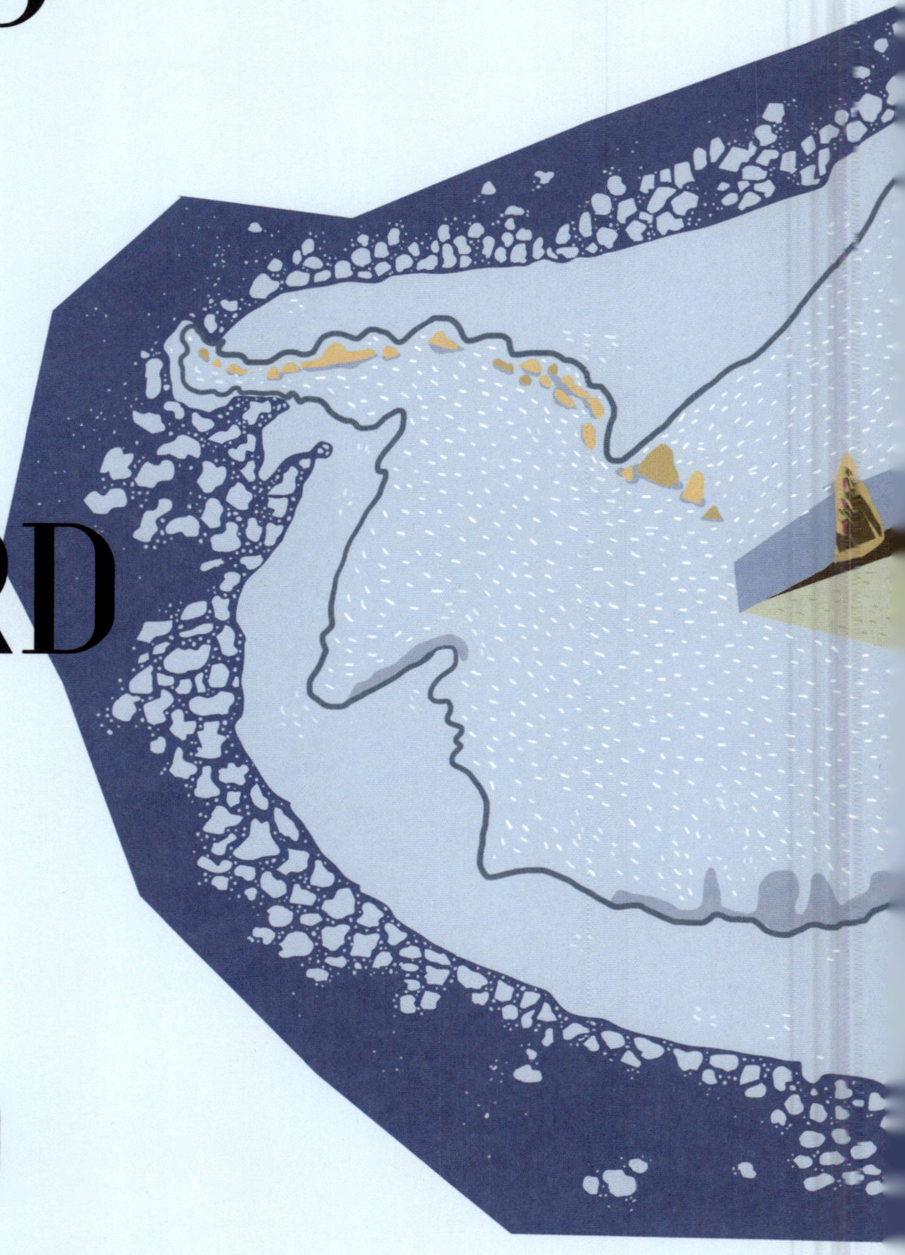

TROCKEN REKORD

Antarktika ist das trockenste Gebiet der Welt. Es gibt hier übers Jahr gesehen nämlich weniger Niederschlag als in der Sahara, deshalb können wir die Antarktis auch als Wüste bezeichnen. Das ist umso überraschender, weil das antarktische Eis beinahe drei Viertel des ganzen Süßwassers der Welt speichert. Besonders im Binnenland gibt es nur selten Niederschlag. Je näher man an die Küste kommt, desto häufiger wird er, bis zu 500 Millimeter im Jahr. Dabei handelt es sich überwiegend um Schnee, den der Wind vom Meer herbeiweht. Vereinzelt gibt es an den Rändern auch Regen.

HÖHE REKORD

Antarktika ist wie ein weißer Biskuitkuchen. Es ist der höchste Kontinent von allen und erreicht eine durchschnittliche Höhe von 2.020 Metern über dem Meeresspiegel. Asien hat als zweithöchster Kontinent eine durchschnittliche Höhe von nur 1.000 Metern über dem Meeresspiegel, obwohl sich hier mit dem Himalaja das höchste Gebirge der Welt befindet.

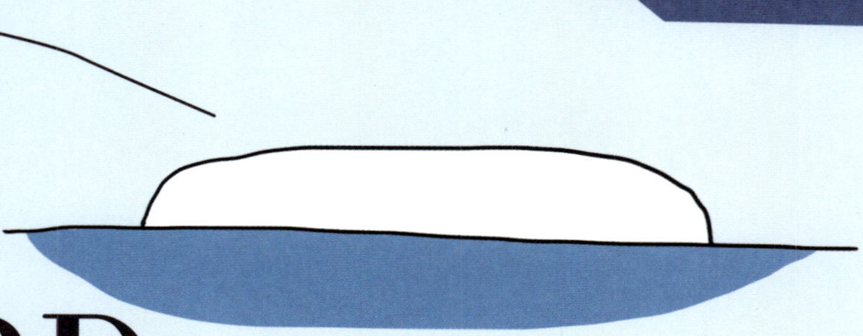

WIND REKORD

In der Antarktis pfeift das ganze Jahr starker Wind. Vor allem an der Küste, wo er eine Geschwindigkeit von über 250 Kilometern pro Stunde erreichen kann, im Landesinneren weht er etwas schwächer. Bei starkem Wind friert man viel schneller, weil die gefühlte Temperatur dann niedriger ist, als das Thermometer anzeigt. Wenn zum Beispiel bei -20 °C der Wind mit einer Geschwindigkeit von 70 Kilometern pro Stunde weht, ist einem genauso kalt wie bei -50 °C.

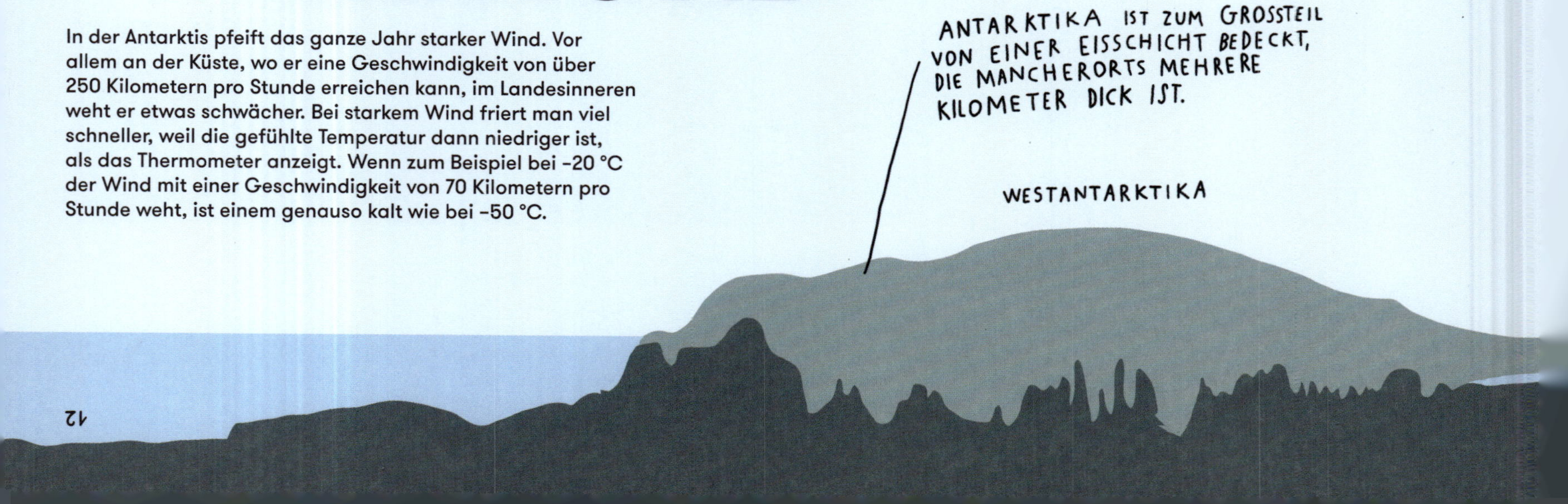

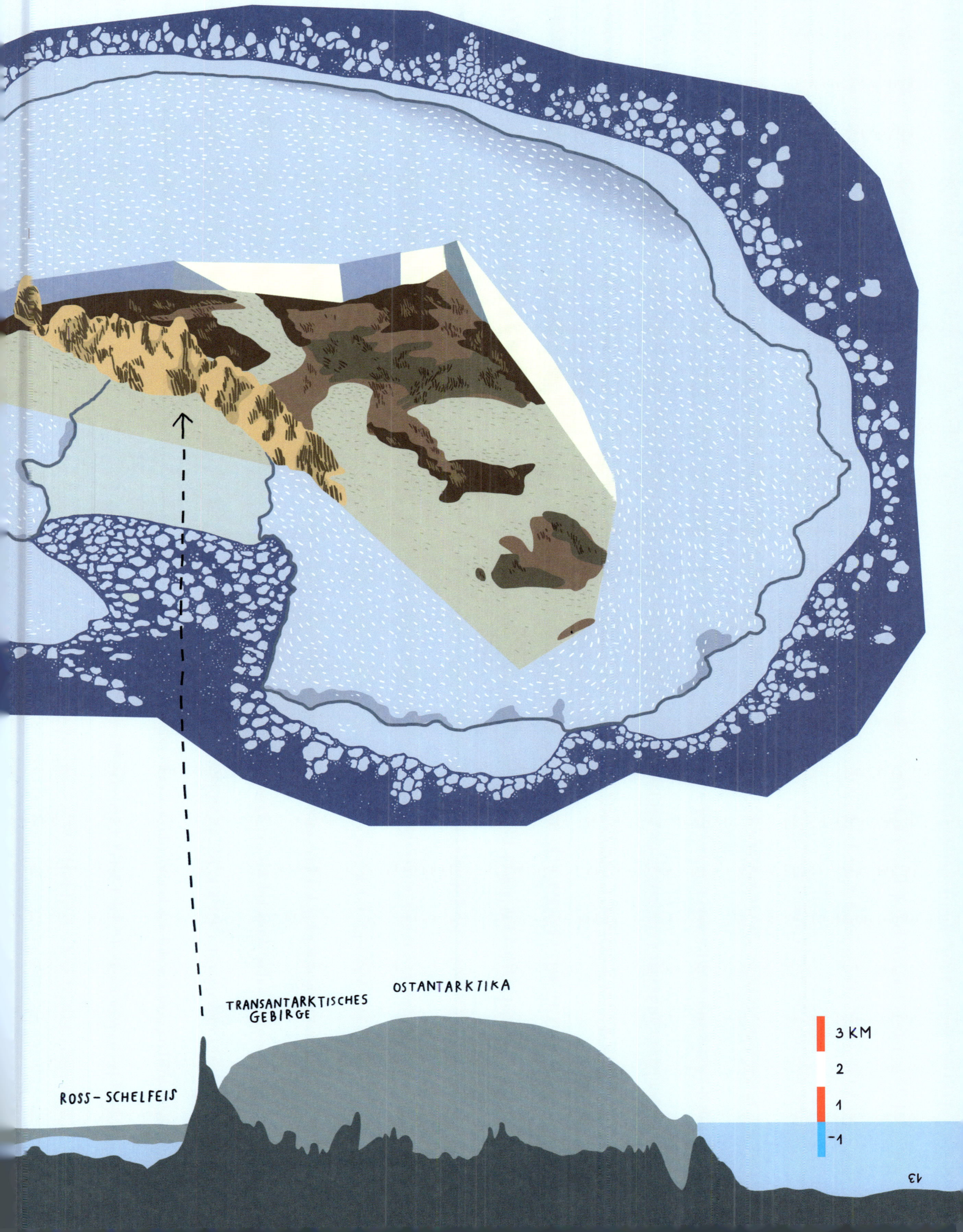
TRANSANTARKTISCHES GEBIRGE
OSTANTARKTIKA
ROSS-SCHELFEIS
3 KM
2
1
-1

WIE GROSS IST DAS, WAS GROSS IST?

Wenn wir sagen, dass etwas groß oder klein ist, vergleichen wir es meistens mit etwas anderem. Wir nennen einen großen Berg groß, weil andere Berge, die wir gesehen haben, kleiner sind. Aber wenn wir es nicht beurteilen können, weil wir keinen Vergleich haben? Größe ist relativ, das bedeutet: Was für den einen groß ist, kann für den anderen klein sein. Vor vielen Jahren kamen die Menschen nur so weit, wie sie zu Fuß gehen konnten, und es gab Orte, die sie nie erreichten. So hatte die Entfernung 100 Kilometer zu verschiedenen Zeiten eine unterschiedliche Bedeutung. Die Welt wird kleiner, je schneller wir von einem Ort zum anderen kommen. Heute kommen wir nicht mehr nur so weit die Füße tragen, sondern auch virtuell von einem Ort zum anderen.

Wie kann man die Oberfläche eines runden Gegenstandes auf einer Fläche abbilden? Vielleicht könnte der tschechische Künstler Tomáš Vaněk weiterhelfen, der gesagt hat: „Denke rund, handle eckig.“ Die Kartographen suchten nach Möglichkeiten, die Welt auf der Karte so darzustellen, dass sie möglichst wenig verzerrt wird. Ihr könnt es selbst ausprobieren, was das für eine schwierige Aufgabe ist. Nehmt eine Orange und zeichnet die Erdteile darauf. Und dann schält sie so, dass die Schale in einem Stück bleibt. Sie wird sicher keine rechteckige Form ergeben. Wie soll man daraus also eine zweidimensionale Karte machen? Keine leichte Übung. Martin Behaim könnte ein Lied davon singen. Er war einer der ersten Kartografen, die versucht haben, die Weltkarte auf der Oberfläche einer Kugel abzubilden, womit er den ersten „Erdapfel“ kreierte. Sein Globus ist der älteste erhaltene Globus der Welt und stammt aus dem Jahr 1492, also dem Jahr, in dem Christoph Kolumbus die Küste von Amerika erreichte.

WARUM IST DIE ANTARKTIS HIER SO GROSS? WEIL SIE VERZERRT IST.

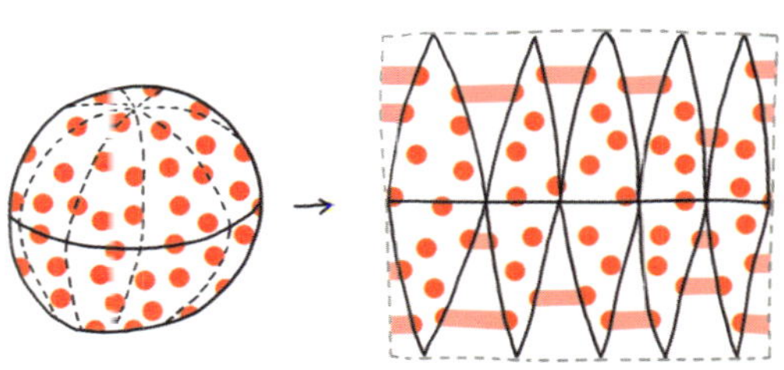

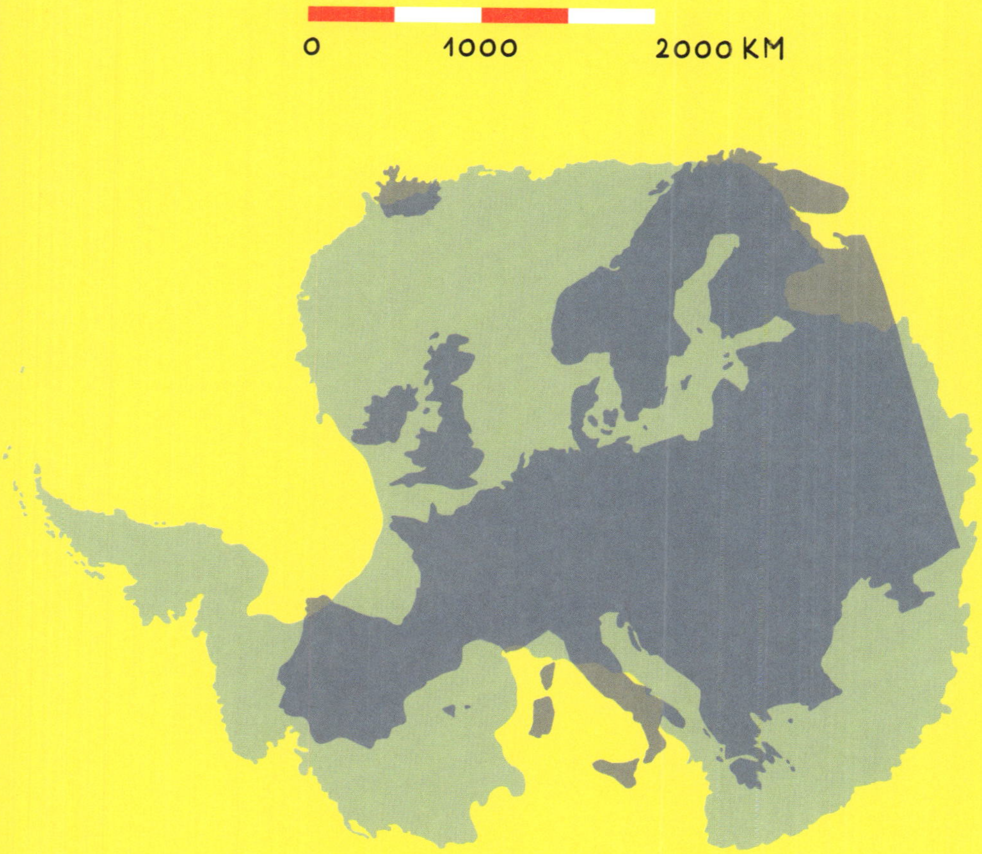

KARTEN **dienen uns dazu, dass wir von oben auf die Welt schauen und sehen können, was weit entfernt und was nah ist, auf welchem Weg man eine Reise machen kann und auf welchem nicht. Je nachdem, wie groß das Gebiet ist, das wir anschauen wollen, benutzen wir Karten mit unterschiedlichen Maßstäben. Je größer die Entfernung von der Erde ist, desto größer ist auch die Verzerrung. Am Experiment mit der Orange kann man nachvollziehen, warum die Antarktis auf den Wandkarten immer wie ein riesiger Kontinent aussieht, der den ganzen unteren Teil der Karte belegt. Wir können uns eine bessere Vorstellung von der Größe der Antarktis machen, wenn wir sie mit etwas Bekanntem vergleichen, zum Beispiel mit Europa. Europa – von Portugal im Westen bis zum Uralgebirge in Russland im Osten – hat eine Fläche von knapp über 10 Millionen Quadratkilometern. Antarktika ist mit über 12,2 Millionen Quadratkilometern etwas größer. Aber auch Entfernungen sind relativ. Denkt daran, wie lange es dauert, in die Berge zu fahren oder ans Meer – und dann stellt euch vor, dass ihr dieselbe Entfernung im Schnee zurücklegen müsstet, zu Fuß oder auf Skiern, und rund herum ist nur eine weite weiße Wüste.**

Wie kann man die Größe von etwas feststellen, das sich die ganze Zeit verändert? Antarktika, wie der eigentliche Kontinent heißt, ist ein Felsen, auf dem Eis liegt. Seine Fläche beträgt 12.272.800 Quadratkilometer. Das Festlandeis ragt weit ins Meer. Es wird als Schelfeis bezeichnet. Mit Schelfeis und Antarktisinseln erstreckt sich die Fläche auf 13.829.430 Quadratkilometern. Europa hat dagegen nur 10.058.912 Quadratkilometer. Jeden Winter entsteht um die Antarktis herum ein zusätzlicher Ring aus Meereis, damit wächst die Eisfläche beinahe auf das Doppelte an.

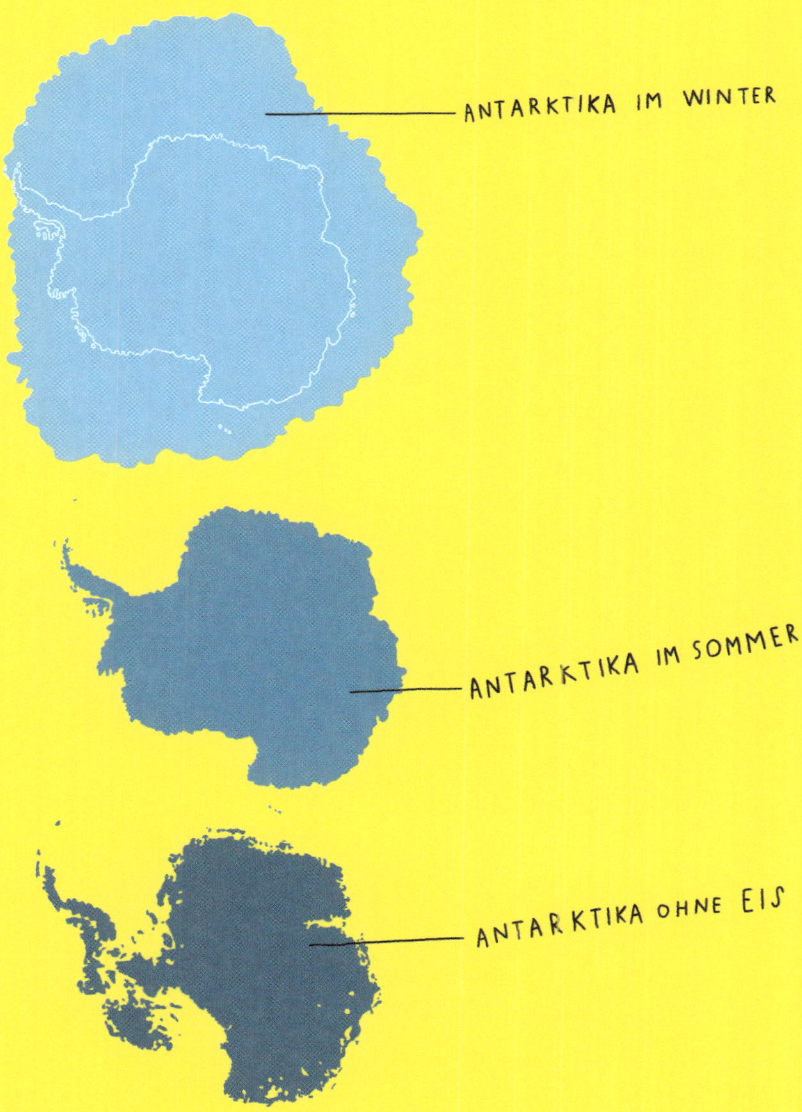

WELTKARTEN

Grönland
Island
Irland
Großbritannien
Norwegen
Schweden
Finnland
Dänemark
Niederlande
Belgien
Deutschland
Frankreich
Estland
Lettland
Litauen
Portugal
Spanien
Schweiz
Österreich
Tschechien
Polen
Weißrussland
Slowakei
Ungarn
Ukraine
Italien
Rumänien
Kroatien
Bulgarien
Griechenland
Russland
Kasachstan
Usbekistan
Kirgisistan
Georgien
Armenien
Turkmenistan
Marokko
Tunesien
Türkei
Mauretanien
Algerien
Syrien
Libanon
Israel
Jordanien
Irak
Iran
Afghanistan
Senegal
Gambia
Guinea-Bissau
Libyen
Kuwait
Pakistan
Mali
Ägypten
Saudi-Arabien
Vereinigte Arab. Emirate
Indi
Guinea
Burkina Faso
Niger
Sierra Leone
Tschad
Sudan
Eritrea
Jemen
Oman
Liberia
Elfenbeinküste
Ghana
Togo
Benin
Nigeria
Zentralafrikanische Republik
Uganda
Äthiopien
Kamerun
Somalia
Kenia
Gabun
Kongo
D.R. Kongo
Tansania
Angola
Sambia
Mosambik
Madagaskar
Simbabwe
Namibia
Botswana
Republik Südafrika
A
Uruguay
Argentinien
Paraguay
Brasilien
Chile
Bolivien
Peru
Französisch-Polynesien
Ecuador
Kolumbien
Fr.-Guyana
Suriname
Guyana
Venezuela
Panama
Kostarika
Nicaragua
El Salvador
Guatemala
Honduras
Belize
Mexiko
Jamaika
Dom. Rep.
Haiti
Kuba
Puerto Rico
Bahamas
USA
Kanada

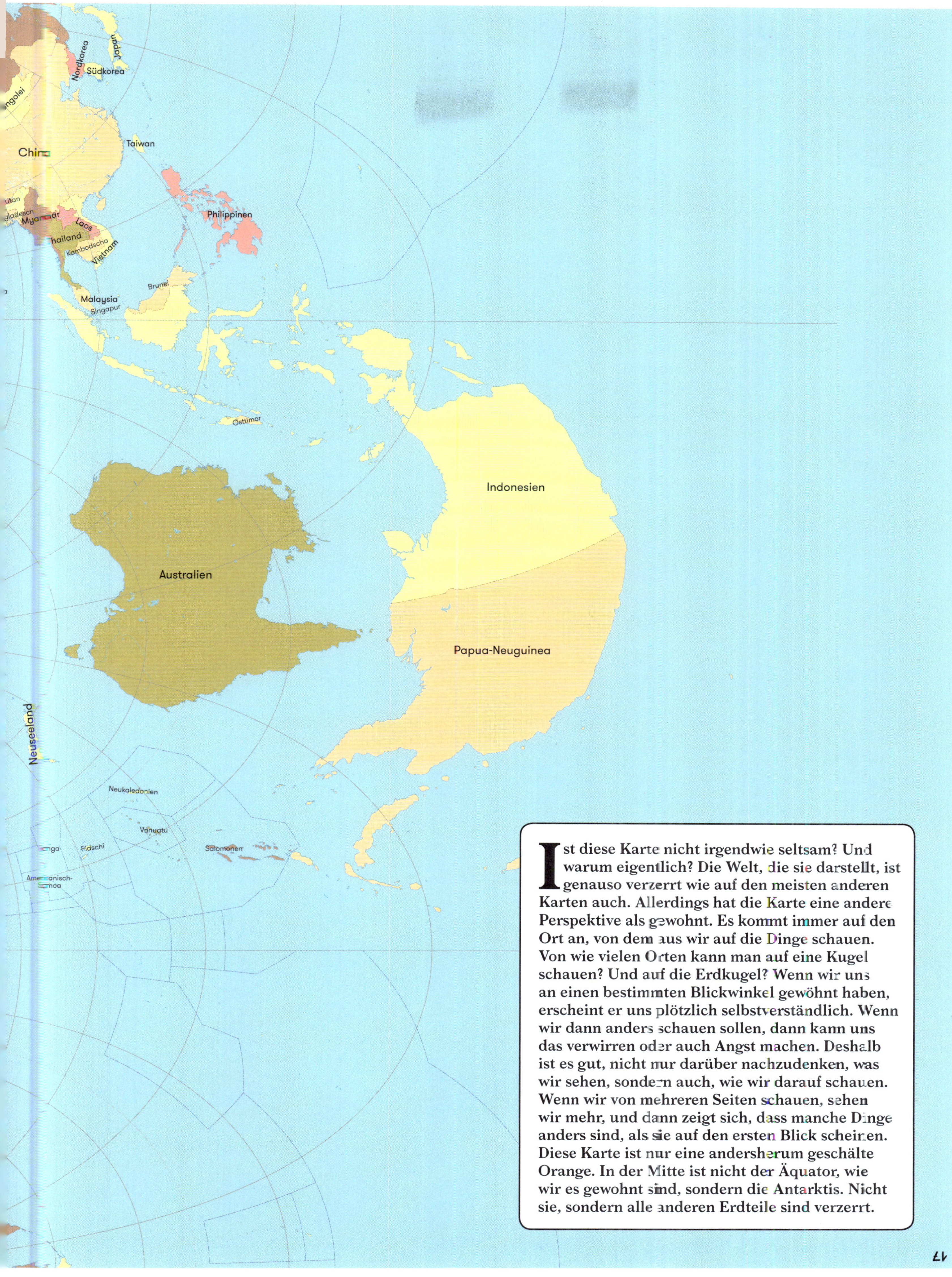

Ist diese Karte nicht irgendwie seltsam? Und warum eigentlich? Die Welt, die sie darstellt, ist genauso verzerrt wie auf den meisten anderen Karten auch. Allerdings hat die Karte eine andere Perspektive als gewohnt. Es kommt immer auf den Ort an, von dem aus wir auf die Dinge schauen. Von wie vielen Orten kann man auf eine Kugel schauen? Und auf die Erdkugel? Wenn wir uns an einen bestimmten Blickwinkel gewöhnt haben, erscheint er uns plötzlich selbstverständlich. Wenn wir dann anders schauen sollen, dann kann uns das verwirren oder auch Angst machen. Deshalb ist es gut, nicht nur darüber nachzudenken, was wir sehen, sondern auch, wie wir darauf schauen. Wenn wir von mehreren Seiten schauen, sehen wir mehr, und dann zeigt sich, dass manche Dinge anders sind, als sie auf den ersten Blick scheinen. Diese Karte ist nur eine andersherum geschälte Orange. In der Mitte ist nicht der Äquator, wie wir es gewohnt sind, sondern die Antarktis. Nicht sie, sondern alle anderen Erdteile sind verzerrt.

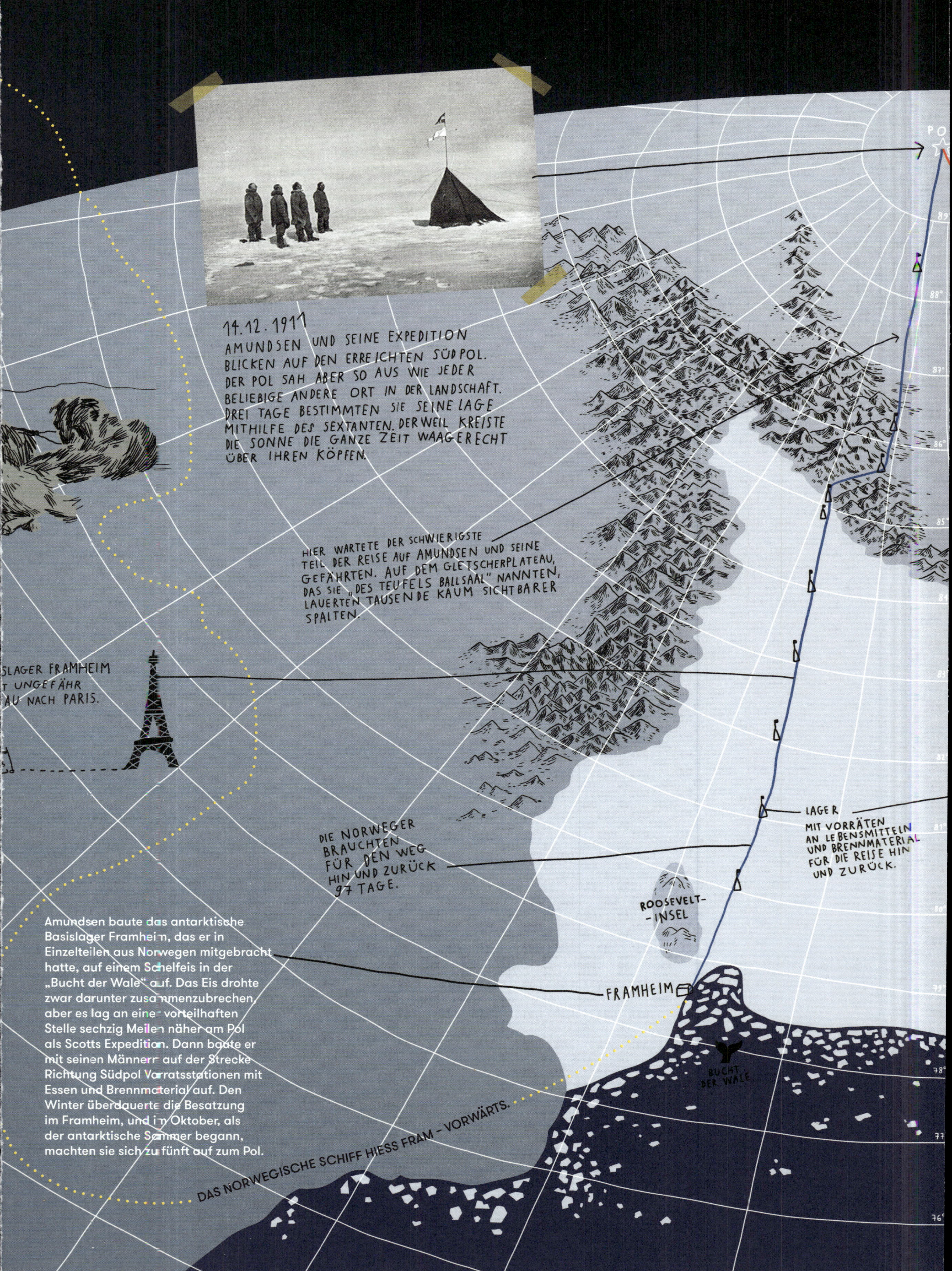

Amundsen baute das antarktische Basislager Framheim, das er in Einzelteilen aus Norwegen mitgebracht hatte, auf einem Schelfeis in der „Bucht der Wale" auf. Das Eis drohte zwar darunter zusammenzubrechen, aber es lag an einer vorteilhaften Stelle sechzig Meilen näher am Pol als Scotts Expedition. Dann baute er mit seinen Männern auf der Strecke Richtung Südpol Vorratsstationen mit Essen und Brennmaterial auf. Den Winter überdauerte die Besatzung im Framheim, und im Oktober, als der antarktische Sommer begann, machten sie sich zu fünft auf zum Pol.

ZWEI REISEN

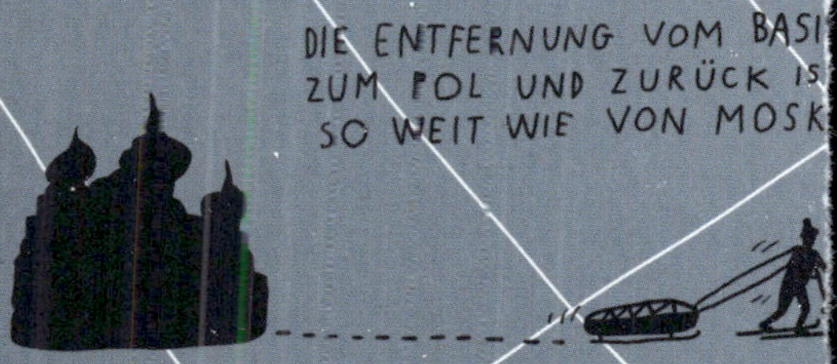

w York Times.

SATURDAY, MARCH 9, 1912.—TWENTY-FOUR PAGES.

ONE CENT

THE WEATHER.
Rain or snow Saturday, colder by afternoon or night; Sunday, fair, colder westerly winds.

Brilliant Lady Warwick.
How this unconventional, vigorous, socialistic, and beautiful woman has kept London guessing and talking for years is told in
To-morrow's Sunday Times

RSAKE EXPLORER IN ARCTIC WILDS

CAPT. AMUNDSEN'S FULL STORY OF HIS DASH TO THE SOUTH POLE WITH FOUR OF HIS MEN AND 18 DOGS

Crosses Ice Barrier and Reaches the Goal In Fifty-five Days.

AT POLE DEC. 14, 3 P. M.

On a Vast Plateau, the Norwegian Flag is Unfurled in a Light Breeze.

ONLY 9.4 BELOW ZERO THEN

Though on Previous Days the Thermometer Had Dropped as Far as 76 Below.

HAD TO KILL 34 DOGS

At 10,600 Feet Altitude, a Blizzard Keeps the Little Party in Camp Four Days.

NEW MOUNTAINS ARE SEEN

Range Runs South from King Edward Land—Discoverer's Route Over New Course.

AMUNDSEN KNOWS NOTHING OF SCOTT

The following message from Capt. Amundsen is in reply to a cable from The New York Times informing him that dispatches from New Zealand credited him with the statement that Capt. Scott had reached the South Pole, and asking whether these reports were true or not. It will be noted that Amundsen replies in the third person:

Special Cable to The New York Times.
HOBART, Tasmania, March 8.
Amundsen knows nothing about Scott.

FROM HENRY D. BAKER, UNITED STATES CONSUL:
Special Cable to The New York Times.
HOBART, Tasmania, March 8.—Amundsen denies knowledge of Scott's expedition, refuses to disclose anything regarding himself, and has isolated his ship's crew. He is reticent, according to his contracts with newspapers.
BAKER.

WARNING.
For the protection of Capt. Amundsen, who has risked his life in the attainment of the south pole, and whose chief material reward must be the proceeds of the sale of his narrative, The New York Times, which has purchased the rights thereto for the United States, to be fully protected by copyright, gives notice that it will prosecute any infringement whatsoever of such right.

NACH SEINER RÜCKKEHR ERFREUTE SICH AMUNDSEN GROSSER AUFMERKSAMKEIT.

Der Erste zu sein, der auf dem Südpol steht, das war das Ziel zweier Männer: Robert Falcon Scott und Roald Amundsen. Beide hatten unterschiedliche Beweggründe und Strategien. Ihre Reisen zum südlichsten Punkt der Welt wurden zu einem wahrhaft epischen Abenteuer. Das ist keine Geschichte für schwache Nerven. Sie handelt von Fußmärschen durch endlose Eislandschaften, die einen mit ihrem frostigen Weiß blenden und wo Männer am Rande ihrer Kräfte durchgefroren in einem eisig kalten Zelt aneinander kauern. Die beiden Hauptfiguren sind sich nie begegnet. Sie konnten nicht ahnen, dass ihre Namen immer in einem Atemzug genannt werden würden, wenn es um die Geschichte der Südpolerforschungen geht. Und sie wären wohl nie darauf gekommen, dass die Station, die einmal auf dem Südpol stehen würde, ihre beiden Namen tragen würde.

AMUNDSEN hatte ursprünglich eine Reise zum Nordpol geplant, doch eine amerikanische Expedition war schneller. Ohne sich die Enttäuschung darüber anmerken zu lassen, setzte er seine Planungen fort und bekam finanzielle Mittel und Aufmerksamkeit. Obwohl er allen versicherte, er wolle nach Norden fahren, hatte er im Geiste sein Reiseziel bereits geändert. Der Ehrgeiz trieb ihn dahin, wo er es noch schaffen konnte, Erster zu sein – zum Südpol. Er wusste, dass er im Vorteil war, wenn er seinen Plan bis zum letzten Moment verheimlichte. Seinen Männern verriet er ihn erst, nachdem sie in See gestochen waren. Die Besatzung stimmte der Richtungsänderung zu, und Amundsen benachrichtigte telegrafisch den nichtsahnenden Scott.

ERSTER!

1773 RESOLUTION ADVENTURE

James Cook war wahrscheinlich der erste, der über den südlichen Polarkreis hinausgelangte. Er betrat eine Eisfläche, die ihm aber zu gefährlich erschien.

DISCOVERY 1902–04

Unter der Leitung des Briten Robert F. Scott fand die erste Expedition zur Antarktis statt. Einer der Expeditionsteilnehmer war Ernest Shackleton. Sie kamen so weit wie niemand zuvor.

1820 WOSTOK

Die Seeleute der Schiffe Wostok und Mirny sahen als erste die Antarktis.

NIMROD 1909

Die zweite britische Expedition endete nur 160 Kilometer vor dem Pol. Expeditionsleiter Ernest Shackleton beschloss umzukehren, weil es ihm zu gefährlich erschien. Eine solche Entscheidung erfordert wahre Größe.

Angeblich inserierte Ernest Henry Shackleton 1907 in einer Zeitung: „Suche Freiwillige für gefährliche Überfahrt. Niedriger Lohn, grausame Kälte, lange Stunden in absoluter Dunkelheit sind garantiert. Rückkehr unsicher. Ehrungen und Anerkennung nur im Falle des Erfolgs.“ Dieses Inserat veranschaulicht, was die Teilnehmer einer Antarktisexpedition erwarteten. Darum macht es nichts aus, dass es vielleicht im Nachhinein erfunden wurde und Shackleton es womöglich nie geschrieben hat. Es ist so aussagekräftig, dass er es tatsächlich geschrieben haben könnte.

Woher kommt eigentlich diese Sehnsucht danach, etwas zu erobern und um jeden Preis der Erste zu sein? Für die meisten ist der Südpol ein Ort in ihrer Vorstellung (und auf der Landkarte); für andere stellt er eine Trophäe dar, die es zu erobern gilt. Warum wenden manche Menschen so viele Mittel und so viel Kraft auf und gehen Risiken ein für etwas, das der Menschheit gar nichts bringt? Wenn das einzige Ziel ist, „der Erste zu sein", dann hört man irgendwie auf nachzudenken und sich Fragen zu stellen, Fragen wie: Wozu eigentlich wetteifern? Wozu sich in Gefahren stürzen? Auch Nationen benehmen sich manchmal wie die Jungs in der Klasse, die sich immer nur gegenseitig übertrumpfen wollen. Um jeden Preis gewinnen wollen und den Mut haben, etwas als Erster zu machen, das sind allerdings zwei verschiedene Dinge. Die Welt verdient es, entdeckt und erforscht zu werden, aber nicht blind. Wenn wir mit Scheuklappen herumlaufen, können wir ihre Vielfalt doch gar nicht wahrnehmen …

Ernest Shackletons Schiff wurde auf dem Weg in die Antarktis vom Eis eingeschlossen und zerquetscht. Ziel seiner Expedition war es, den Kontinent zu Fuß zu überqueren.

Zur gleichen Zeit wie Scott und Amundsen versuchte auch eine japanische Expedition unter der Leitung von Nobu Shirase, den Südpol zu erreichen. Die Japaner erreichten die Antarktis aber erst kurz vor Winteranfang, deshalb mussten sie sich wieder zurückziehen. In der darauffolgenden Saison machten sie sich erneut auf den Weg und trafen unterwegs das Schiff von Roald Amundsen.

Roald Amundsen lieh sich für die Expedition das Schiff seines Landsmanns Fridtjof Nansen. Dank der genialen Konstruktion wurde es vom Eis nicht zerquetscht, sondern nach oben getrieben. Fram bedeutet „vorwärts". Am 14. Dezember 1911 erreichte Amundsen als erster Mensch den Südpol – nur 35 Tage vor seinem Konkurrenten Scott.

Robert F. Scott brach zum Südpol auf und erreichte diesen auch, kehrte aber nie mehr aus der Antarktis zurück.

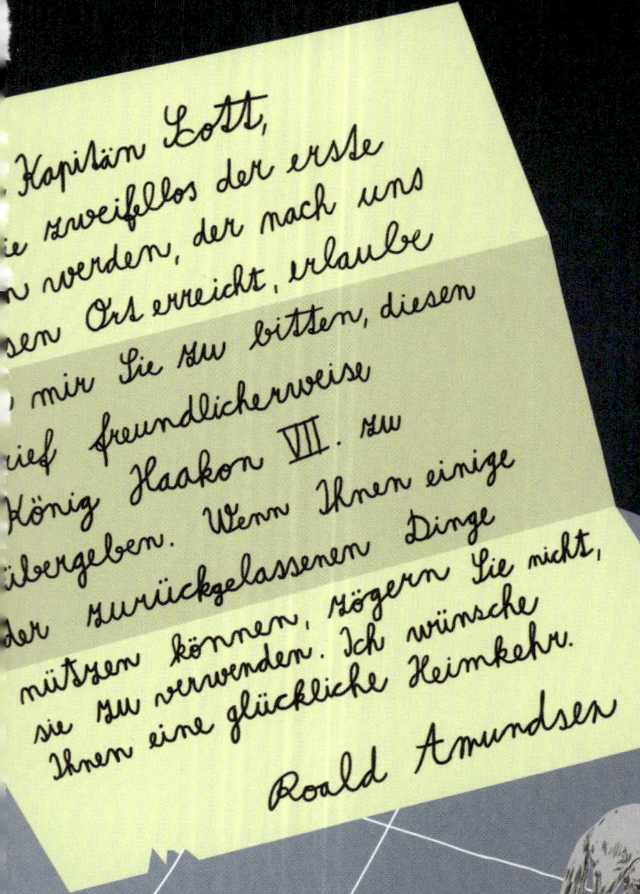
Kapitän Scott,
e zweifellos der erste
n werden, der nach uns
sen Ort erreicht, erlaube
mir Sie zu bitten, diesen
rief freundlicherweise
König Haakon VII. zu
übergeben. Wenn Ihnen einige
der zurückgelassenen Dinge
nützen können, zögern Sie nicht,
sie zu verwenden. Ich wünsche
Ihnen eine glückliche Heimkehr.
Roald Amundsen

ROBERT FALCON SCOTT
1868–1912

ZU SCOTTS AUSSTATTUNG GEHÖRTEN AUCH MOTORSCHLITTEN UND PONYS. DIE SCHLITTEN HATTEN ABER IM FROST VIELE PANNEN, UND DIE PONYS VERSANKEN MIT DEN BEINEN IM TIEFSCHNEE.

Es war SCOTTS zweite Expedition in die Antarktis. Er war Gesandter Großbritanniens, wo man überzeugt war, nicht nur die Mittel, sondern auch das Vorrecht zu haben, als erste den Südpol zu erreichen. Scott hatte überhaupt nicht damit gerechnet, dass er um diesen Titel mit irgendwem würde wetteifern müssen. Die Expedition hatte zwei Zwecke: Zum einen sollten die Teilnehmer am Südpol die britische Flagge hissen, zum anderen waren wissenschaftliche Forschungen geplant. Scott war schon aufgebrochen, als er erfuhr, dass sie nicht als einzige auf dem Weg zum Südpol waren, und er wollte seinen Plan nicht mehr ändern.

Der Wettlauf um den Pol hat vor mehr als hundert Jahren stattgefunden. Was macht ihn aus heutiger Sicht interessant? Robert F. Scott glaubte wie die meisten Menschen damals in Europa an den Fortschritt und die Wissenschaft. Er interessierte sich für technische Errungenschaften und Technologien, die ihm die Arbeit erleichterten. Im Gegensatz dazu ließ sich Amundsen von der traditionellen Lebensweise und den Methoden der Inuit inspirieren, er verbrachte zwei Winter bei ihnen und beobachtete, wie sie mit den harten arktischen Lebensbedingungen zurechtkamen, wie sie sich kleideten, wie sie verfügbare Ressourcen nutzten, wie sie mit den Hunden umgingen usw. Wir wissen, welcher der beiden Ansätze bei der Reise zum Pol erfolgreicher war. Und doch begegnet man heute in der Antarktis eher Scotts Denkweise, an deren Folgen sich die Arroganz und Ignoranz gegenüber der antarktischen (und der übrigen) Welt zeigen.

DIE BRITISCHE EXPEDITION HIESS TERRA NOVA – NEUES LAND.

INS UNBEKANNTE

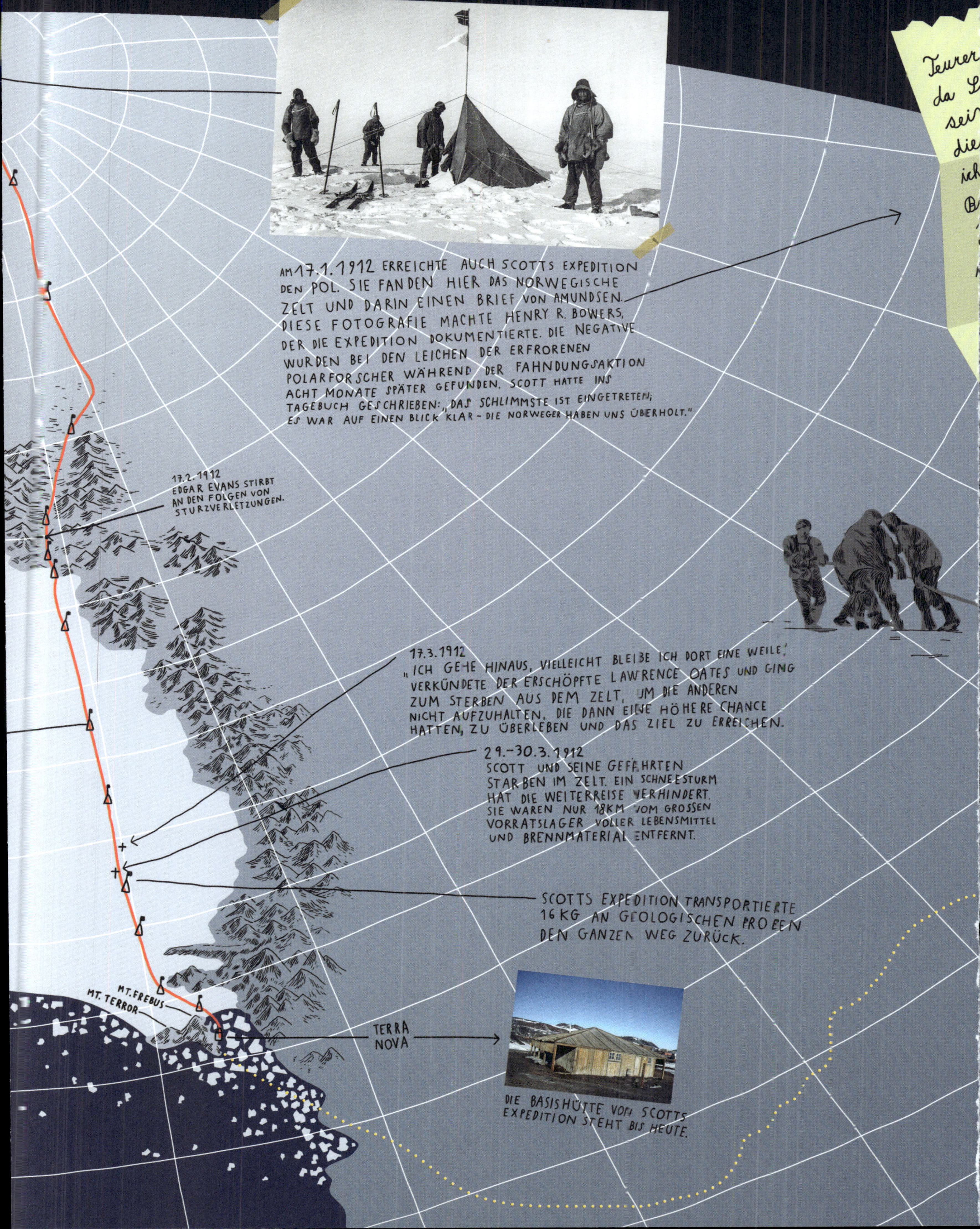

AM 17.1.1912 ERREICHTE AUCH SCOTTS EXPEDITION DEN POL. SIE FANDEN HIER DAS NORWEGISCHE ZELT UND DARIN EINEN BRIEF VON AMUNDSEN. DIESE FOTOGRAFIE MACHTE HENRY R. BOWERS, DER DIE EXPEDITION DOKUMENTIERTE. DIE NEGATIVE WURDEN BEI DEN LEICHEN DER ERFRORENEN POLARFORSCHER WÄHREND DER FAHNDUNGSAKTION ACHT MONATE SPÄTER GEFUNDEN. SCOTT HATTE INS TAGEBUCH GESCHRIEBEN: „DAS SCHLIMMSTE IST EINGETRETEN; ES WAR AUF EINEN BLICK KLAR – DIE NORWEGER HABEN UNS ÜBERHOLT."

17.2.1912
EDGAR EVANS STIRBT AN DEN FOLGEN VON STURZVERLETZUNGEN.

17.3.1912
„ICH GEHE HINAUS, VIELLEICHT BLEIBE ICH DORT EINE WEILE," VERKÜNDETE DER ERSCHÖPFTE LAWRENCE OATES UND GING ZUM STERBEN AUS DEM ZELT, UM DIE ANDEREN NICHT AUFZUHALTEN, DIE DANN EINE HÖHERE CHANCE HATTEN, ZU ÜBERLEBEN UND DAS ZIEL ZU ERREICHEN.

29.–30.3.1912
SCOTT UND SEINE GEFÄHRTEN STARBEN IM ZELT. EIN SCHNEESTURM HAT DIE WEITERREISE VERHINDERT. SIE WAREN NUR 18 KM VOM GROSSEN VORRATSLAGER VOLLER LEBENSMITTEL UND BRENNMATERIAL ENTFERNT.

SCOTTS EXPEDITION TRANSPORTIERTE 16 KG AN GEOLOGISCHEN PROBEN DEN GANZEN WEG ZURÜCK.

DIE BASISHÜTTE VON SCOTTS EXPEDITION STEHT BIS HEUTE.

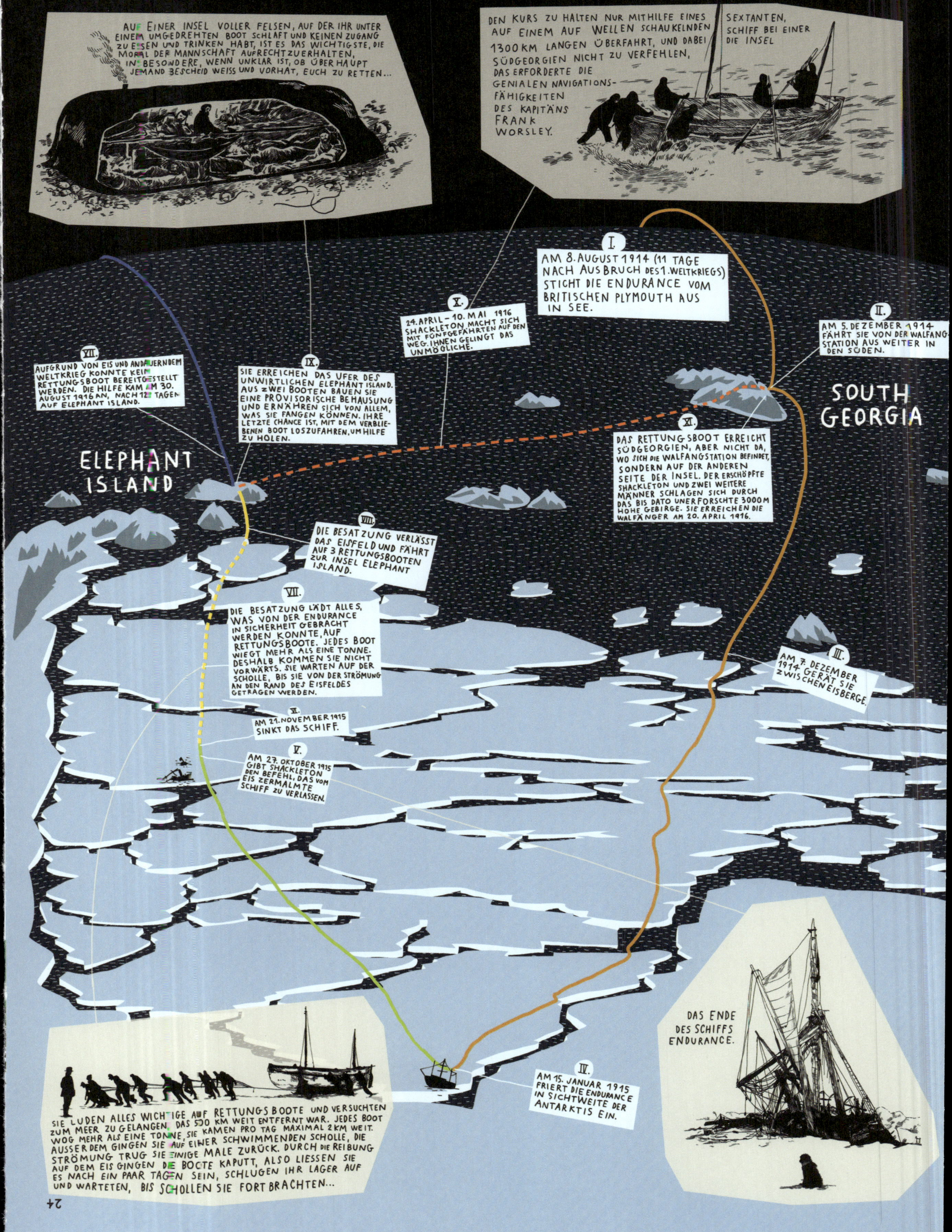
AUF EINER INSEL VOLLER FELSEN, AUF DER IHR UNTER EINEM UMGEDREHTEN BOOT SCHLAFT UND KEINEN ZUGANG ZU ESSEN UND TRINKEN HABT, IST ES DAS WICHTIGSTE, DIE MORAL DER MANNSCHAFT AUFRECHTZUERHALTEN, INSBESONDERE, WENN UNKLAR IST, OB ÜBERHAUPT JEMAND BESCHEID WEISS UND VORHAT, EUCH ZU RETTEN…
DEN KURS ZU HALTEN NUR MITHILFE EINES SEXTANTEN, AUF EINEM AUF WELLEN SCHAUKELNDEN SCHIFF BEI EINER 1300 KM LANGEN ÜBERFAHRT, UND DABEI DIE INSEL SÜDGEORGIEN NICHT ZU VERFEHLEN, DAS ERFORDERTE DIE GENIALEN NAVIGATIONS-FÄHIGKEITEN DES KAPITÄNS FRANK WORSLEY.
I. AM 8. AUGUST 1914 (11 TAGE NACH AUSBRUCH DES 1. WELTKRIEGS) STICHT DIE ENDURANCE VOM BRITISCHEN PLYMOUTH AUS IN SEE.
II. AM 5. DEZEMBER 1914 FÄHRT SIE VON DER WALFANGSTATION AUS WEITER IN DEN SÜDEN.
SOUTH GEORGIA
X. 24. APRIL – 10. MAI 1916 SHACKLETON MACHT SICH MIT FÜNF GEFÄHRTEN AUF DEN WEG. IHNEN GELINGT DAS UNMÖGLICHE.
XII. AUFGRUND VON EIS UND ANDAUERNDEM WELTKRIEG KONNTE KEIN RETTUNGSBOOT BEREITGESTELLT WERDEN. DIE HILFE KAM AM 30. AUGUST 1916 AN, NACH 128 TAGEN AUF ELEPHANT ISLAND.
IX. SIE ERREICHEN DAS UFER DES UNWIRTLICHEN ELEPHANT ISLAND. AUS ZWEI BOOTEN BAUEN SIE EINE PROVISORISCHE BEHAUSUNG UND ERNÄHREN SICH VON ALLEM, WAS SIE FANGEN KÖNNEN. IHRE LETZTE CHANCE IST, MIT DEM VERBLIEBENEN BOOT LOSZUFAHREN, UM HILFE ZU HOLEN.
XI. DAS RETTUNGSBOOT ERREICHT SÜDGEORGIEN, ABER NICHT DA, WO SICH DIE WALFANGSTATION BEFINDET, SONDERN AUF DER ANDEREN SEITE DER INSEL. DER ERSCHÖPFTE SHACKLETON UND ZWEI WEITERE MÄNNER SCHLAGEN SICH DURCH DAS BIS DATO UNERFORSCHTE 3000 M HOHE GEBIRGE. SIE ERREICHEN DIE WALFÄNGER AM 20. APRIL 1916.
ELEPHANT ISLAND
VIII. DIE BESATZUNG VERLÄSST DAS EISFELD UND FÄHRT AUF 3 RETTUNGSBOOTEN ZUR INSEL ELEPHANT ISLAND.
VII. DIE BESATZUNG LÄDT ALLES, WAS VON DER ENDURANCE IN SICHERHEIT GEBRACHT WERDEN KONNTE, AUF RETTUNGSBOOTE. JEDES BOOT WIEGT MEHR ALS EINE TONNE. DESHALB KOMMEN SIE NICHT VORWÄRTS. SIE WARTEN AUF DER SCHOLLE, BIS SIE VON DER STRÖMUNG AN DEN RAND DES EISFELDES GETRAGEN WERDEN.
III. AM 7. DEZEMBER 1914 GERÄT SIE ZWISCHEN EISBERGE.
VI. AM 21. NOVEMBER 1915 SINKT DAS SCHIFF.
V. AM 27. OKTOBER 1915 GIBT SHACKLETON DEN BEFEHL, DAS VOM EIS ZERMALMTE SCHIFF ZU VERLASSEN.
DAS ENDE DES SCHIFFS ENDURANCE.
SIE LUDEN ALLES WICHTIGE AUF RETTUNGSBOOTE UND VERSUCHTEN ZUM MEER ZU GELANGEN, DAS 500 KM WEIT ENTFERNT WAR. JEDES BOOT WOG MEHR ALS EINE TONNE, SIE KAMEN PRO TAG MAXIMAL 2 KM WEIT. AUSSERDEM GINGEN SIE AUF EINER SCHWIMMENDEN SCHOLLE, DIE STRÖMUNG TRUG SIE EINIGE MALE ZURÜCK. DURCH DIE REIBUNG AUF DEM EIS GINGEN DIE BOOTE KAPUTT, ALSO LIESSEN SIE ES NACH EIN PAAR TAGEN SEIN, SCHLUGEN IHR LAGER AUF UND WARTETEN, BIS SCHOLLEN SIE FORTBRACHTEN…
IV. AM 15. JANUAR 1915 FRIERT DIE ENDURANCE IN SICHTWEITE DER ANTARKTIS EIN.

LEBEN

In der Antarktis wächst kein einziger Baum, auch keine Süßwasserfische, Lurche, Kriechtiere oder Landsäugetiere leben dort. An Land trifft man nur wenige Tierarten an, es sind vor allem Vögel und große Meeressäuger. Weil der Mensch in der Antarktis immer nur zu Besuch ist und die Tiere hier zu Hause sind, fürchten sie sich nicht vor ihm, sondern sind neugierig, was das für ein zweibeiniges Wesen ist ...

Das Leben spielt sich vor allem im Meer und in Ufernähe ab. Schaut man sich die Erdkugel an, dann gibt es an Land das meiste Leben am Äquator, und in Richtung der Pole nimmt es ab. Das gilt aber nicht für das Leben im Wasser, da ist es umgekehrt. In der Antarktis gibt es im Wasser eine riesige Menge sogenannter Biomasse, winzige Lebewesen, die als Plankton bezeichnet werden; es ist hier einfach richtig viel los. Das heißt auch, dass es unter der Wasseroberfläche genug Nahrung gibt, die viele andere Tiere anlockt, zum Essen vorbeizuschauen.

Die SEELILIE ist mit dem Meeresstern verwandt. Sie sieht aus wie eine Pflanze, lebt 70 Meter tief im Meer und fängt Nahrung mit ihren fächerförmigen Fangarmen.

Die WEDDELLROBBE ist supersympathisch. Ihr silbernes Fell hat 40.000 Haare pro Quadratzentimeter, das sind 400 Haare pro Quadratmillimeter! Deshalb kann sie sich von früh bis spät im Schnee wälzen, und ihr ist immer noch warm. Wegen ihres perfekten Fells wäre sie fast ausgerottet worden. Im Gegensatz zu ihren Robbenverwandten in Kanada, denen bis heute die Pelzjäger auf den Leib rücken, hat sie aber den Vorteil, in schwer zugänglichen Gebieten zu leben. James Weddell, von dem diese Robbenart ihren Namen bekam, schätzte im Jahr 1825, dass auf der Insel Südgeorgien bis dahin schon 1,2 Millionen von ihnen gefangen worden waren. Und auch der antarktische Seebär wurde wegen seines Pelzes im 19. Jahrhundert beinahe ausgerottet. Heute wissen zum Glück schon viele Leute, dass es gar nicht cool ist, einen Pelz (von Robben oder anderen Tieren) zu tragen ...

Wenn diese Müßiggängerin ausgewachsen ist, wiegt sie bis zu 450 Kilogramm. Sie ernährt sich von Fischen und Krill und hält es unglaubliche 80 Minuten unter Wasser aus. Sie kann 700 Meter tief tauchen und aus einer Entfernung von fünf Kilometern sicher zu dem Eisloch zurückfinden, das sie sich freigenagt hat.

Den Großteil ihrer Zeit verbringt sie aber damit, sich auszuruhen und sich in Schnee und Eis herumzuwälzen.

Kein Säugetier der Welt vermehrt sich so nah am Südpol wie die Weddellrobbe.

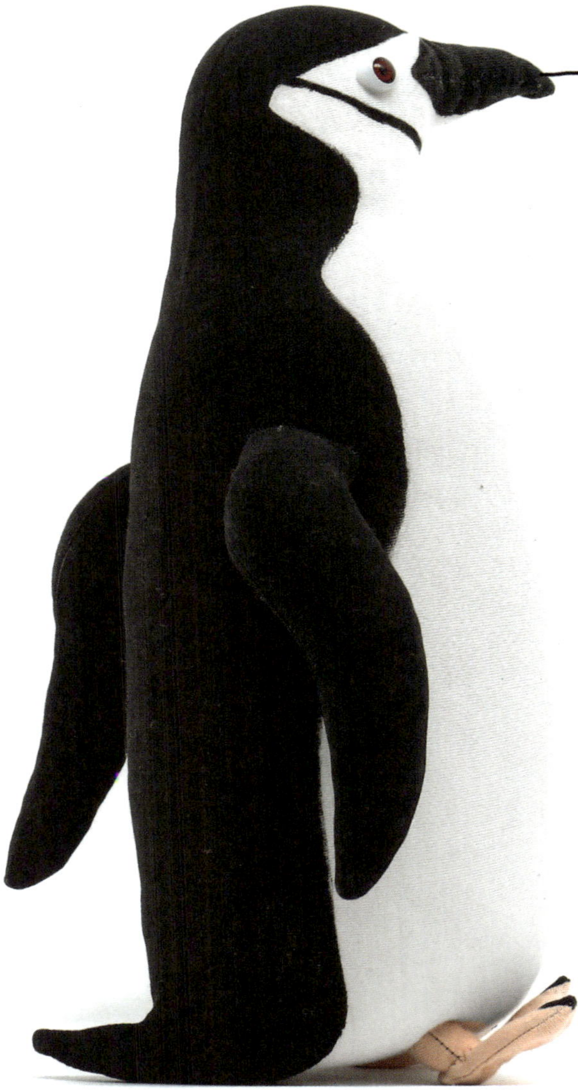

ZÜGELPINGUIN

Länge	72 cm
Gewicht	3,8 kg
Bestand	6,5–7,5 Millionen Paare

Er gehört zu den lautesten Pinguinen, ist gesellig, neugierig und mutig. Er zögert nicht, Menschen anzugreifen, die das Gebiet seiner Kolonie betreten. Der Name ist vom Streifen im Gesicht abgeleitet, aber die ersten Antarktisforscher nannten ihn „stone-cracker“, Steinbrecher.

Ihr Frack dient in Wirklichkeit der Tarnung: Unter Wasser ähneln sie von oben betrachtet dem dunklen Meeresgrund, von unten dagegen dem hellen Himmel.

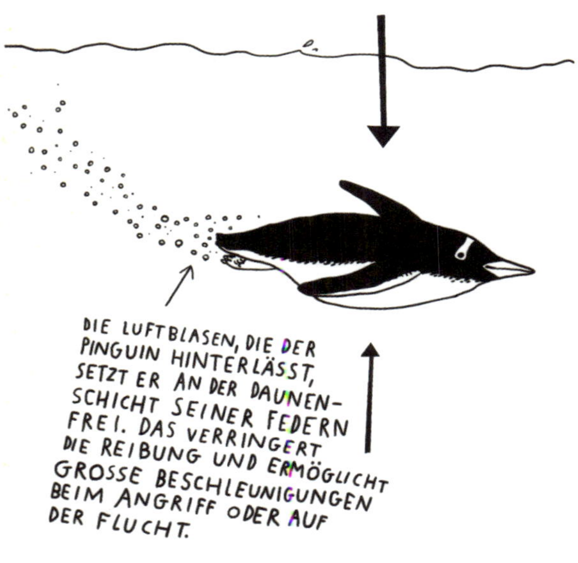

ESELSPINGUIN

Länge	75 cm
Gewicht	5,5 kg
Bestand	über 300.000 Paare

Den Namen bekam er wegen seiner eselartigen Rufe. Er ist einer der schnellsten Schwimmer unter den Pinguinen und erreicht eine Geschwindigkeit von 24 km/h. Er ernährt sich wie andere Pinguine von Fischen und Krebstieren.

PINGUINE

Das Wort Pinguin kommt vom lateinischen Wort pinguis – „fett, dick, feist“. Das klingt nicht schmeichelhaft, aber es verrät die einzigartige Überlebensstrategie dieses Wesens. Es gibt siebzehn Pinguinarten, und alle leben auf der Südhalbkugel. Hier sind nur die abgebildet, die in der Antarktis leben. Pinguine sind faszinierend. Wenn sie scheinbar unbekümmert am Ufer entlang schaukeln, sehen sie sehr komisch und niedlich aus. An Land haben sie keine Feinde, im Meer, in dem sie sich ihre Nahrung holen, müssen sie aber aufpassen, dass sie nicht selbst zu Nahrung werden. Sie sind außergewöhnlich schnelle und begabte Schwimmer. Sie leben in zwei Elementen, an Land und im Wasser, und in jeder Umgebung bewegen sie sich anders und haben eine andere Rolle.

ADELIEPINGUIN

Länge	71 cm
Gewicht	5 kg
Bestand	2.600.000 Paare

Er heißt so, weil ihn der französische Seefahrer, Polarforscher, Naturwissenschaftler und Entdecker Jules Dumont d'Urville nach seiner Frau benannte.

GOLDSCHOPFPINGUIN

Länge	71 cm
Gewicht	5–6 kg
Bestand	12.000.000 Paare

Obwohl seine Art die verbreitetste ist, sucht er auch bei den anderen Pinguinarten nach Partnern.

ERNEST HENRY SHACKLETON

1874–1922

Einer der interessantesten Polarforscher aus der Zeit der großen Antarktisexpeditionen ist Ernest Shackleton. Seine berühmteste Expedition ist spannend, obwohl (oder gerade weil) sie endete, bevor sie begonnen hatte. Nachdem Amundsen und Scott den Südpol bereits erreicht hatten, setzte Shackleton sich in den Kopf, als erster die Antarktis zu Fuß zu durchqueren. Das Schiff Endurance stach kurz nach Ausbruch des Ersten Weltkriegs in See. Die Besatzungsmitglieder erkundigten sich unterwegs, ob sie zurückkehren und für ihre Heimat kämpfen sollten. Ihre Initiative wurde zurückgewiesen, und so setzten sie ihren Weg fort. Von Walfängern erfuhren sie, dass mehr Eis um die Antarktis herum war als normalerweise, und es war unklar, ob sie durchkommen würden. Shackleton wusste, dass er keine zweite Chance für diese Expedition erhalten würde, darum entschied er sich, sein Glück zu versuchen. Es war ihm jedoch nicht hold, die Endurance blieb in Sichtweite von Antarktika im Eis stecken. Die Expedition wurde zu einem Überlebenskampf der 27 Männer, die auf einer nicht steuerbaren Scholle und ohne Möglichkeit, von irgendwoher Hilfe zu holen, gefangen waren. Der Name des Schiffs Endurance, der Ausdauer bedeutet, war an den Leitspruch der Familie Shackleton angelehnt: Fortitudine vincimus, Durch Ausdauer (engl. endurance) siegen wir. Ausdauer sollte für die Besatzung des Schiffs Endurance zur überlebenswichtigen Eigenschaft werden. Shackleton und seine Männer schafften etwas, das sie nicht geplant hatten und das niemand für möglich gehalten hätte. Alle überlebten.

BY ENDURANCE WE CONQUER

(MIT AUSDAUER ZUM SIEG)

SERENDIPITÄT

oder das Entdecken von etwas, das man nicht gesucht hat

Dank Shackletons Ausdauer, Aufmerksamkeit und Erfindungsgabe gelang es ihm, die Grenzen dessen, was menschenmöglich ist, zu verschieben. Wäre Shackleton blind dem einmal gesteckten Ziel gefolgt, hätte höchstwahrscheinlich niemand die Expedition überlebt. Er überquerte nicht die Antarktis, aber er fand heraus, wie er mit den 27 Männern unter mühseligsten Bedingungen überleben und gerettet werden konnte. Etwas ganz nebenbei zu entdecken, und zwar etwas Wichtigeres als ursprünglich geplant, dafür gibt es eine Bezeichnung: Serendipität. Glückstreffer und unerwartete Lösungswege entstehen aber nicht zufällig – Voraussetzung ist, dass wir nicht blind aufs Ziel zusteuern, sondern auf dem Weg, den wir gehen, auch nach links und rechts schauen. Ohne aufmerksam zu sein, kann man nichts entdecken, schon gar nichts Außergewöhnliches. Serendipitäten waren auch die Entdeckung der Erdanziehungskraft, die Entdeckung Amerikas durch Christoph Kolumbus, die Entdeckung der Röntgenstrahlung, die Erfindung des Dynamits, Penizillins, LSD und vieler weiterer Dinge. Die Welt lässt es nur manchmal zu, dass wir ihr Geheimnisse entlocken. Wenn aus Unbekanntem Bekanntes wird, werden wir um eine Erkenntnis reicher. Doch um die werden wir gebracht, wenn wir nicht bereit sind, der Welt auch zuzuhören. Wenn wir unser Lebensumfeld und die Wege, auf die wir uns begeben, aufmerksam wahrnehmen, können wir am allermeisten lernen.

URSPÜNGLICHER EXPEDITIONSPLAN

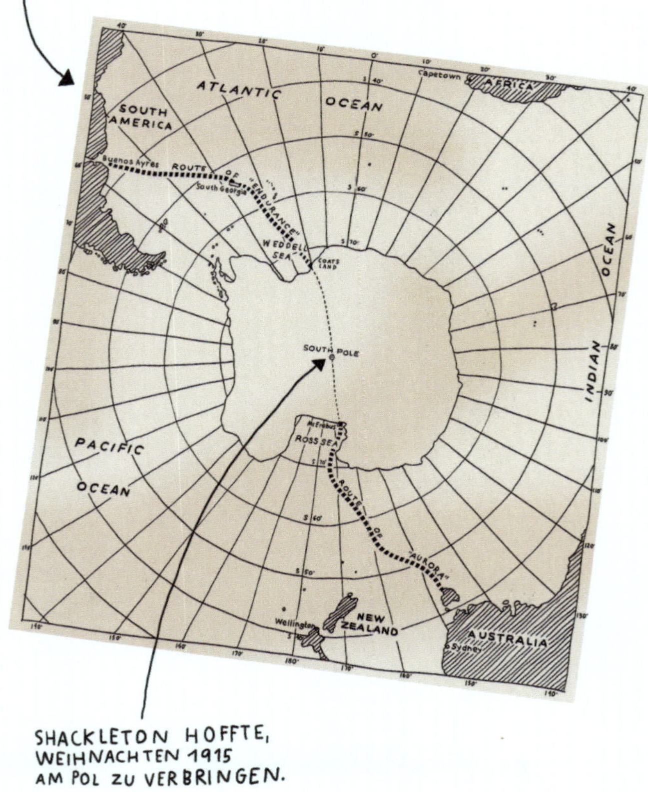

SHACKLETON HOFFTE, WEIHNACHTEN 1915 AM POL ZU VERBRINGEN.

IN DER A

In antarktischen und subantarktischen Gefilden leben ungefähr 40 Vogelarten. Direkt auf dem Kontinent sind es einschließlich der flugunfähigen Pinguine nur 16. Das gierigste Raubtier unter den Flugvögeln ist die Antarktikskua, ein Räuber. Die SKUA ist eine wilde und aggressive Jägerin, die sich vor nichts und niemandem fürchtet, besonders dann nicht, wenn sie ihr Revier oder ihre Jungen verteidigt. Sie greift andere Wasservögel an und klaut ihnen ihre Beute. Auch Menschen überrascht sie gerne mal mit einem Sturzflugangriff, wenn die zu nah an ihr Nest kommen.

Der SCHNEESTURMVOGEL wirkt zwar wie eine Taube, kann sich aber im Gegensatz zu ihr gut verteidigen: Wenn er einen Eindringling, der auch ein anderer Schneesturmvogel sein kann, abwehren will, spuckt er ihm ein widerlich stinkendes Magenöl entgegen.

Das größte ausschließlich an Land lebende Geschöpf der Antarktis ist eine Zuckmücke mit verkümmerten Flügeln, ihre lateinische Bezeichnung ist BELGICA ANTARCTICA. Ihre Larven harren ungefähr zwei Jahre im Eis eingefroren aus, und nach dem Schlüpfen leben ausgewachsene Zuckmücken höchstens 10 Tage. Außerdem gibt es hier noch Milben, Springschwänze, Rädertierchen, Kiemenfüßer, Ruderfußkrebse und im Moos lebende Bärtierchen.

Das BÄRTIERCHEN ist mit bloßem Auge kaum erkennbar (0,05–1,5 Millimeter groß) und gehört doch zu den widerstandsfähigsten Lebewesen der Welt. Dieser Superman überlebt bei Temperaturen von −273 °C bis 150 °C. Es schadet ihm nicht, auch mal 30 Jahre im Eis eingefroren zu sein, es erträgt Vakuum, es hält Druck aus, der sechsmal höher ist als im tiefsten Ozean, und tausendmal höhere radioaktive Strahlung als der Mensch. Sogar in Vulkankratern hat man schon Bärtierchen entdeckt. Die lassen sich nicht so schnell unterkriegen, deshalb leben sie auf der ganzen Welt, einschließlich der Antarktis. Wie man aussieht oder wie groß man ist, sagt eben noch nichts darüber aus, was in einem steckt und was man alles aushält.

N

Eine bedeutende Phase ist es, wenn man vom Kind zum Erwachsenen wird. Beim Heranwachsen wird man schon geformt und trifft Entscheidungen, die das ganze Leben beeinflussen können, auch wenn man dabei manchmal echt komisch aussieht, und ungefähr so unbeholfen sieht der Kaiserpinguin aus, wenn er in der Pubertät ist. Übrigens sieht jeder manchmal komisch aus. Und wer behauptet, bei ihm sei es nicht so, der sieht wohl die ganze Zeit komisch aus …

t hervorragend ausgebildete
ur zu erhalten. Er ist die
en Winter fortpflanzt und
Das Weibchen, das die Eier
nnchen. Die Übergabe ist
das Ei darf das Eis nicht
auf den anderen gerollt.
it einer Hautfalte und hält
sich dicht aneinander, um
n geht, und dabei wippen
zu verkleinern, die das
ratur kann bis auf –60 °C
Stundenkilometern blasen.
amit an den kalten und
immer dieselben stehen
chen aus. Kurz nachdem der
ist, kommt das Weibchen den
eg von der Nahrungssuche
Pflege des Juniors, und
bis sechs Hungermonaten
machen, im Meer Nahrung
s zu 18 Minuten unter
tief. Normalerweise wird
fällen auch mal 50.

Aufwachsen ist manchmal ganz schön harte Arbeit, und wenn man fertig ist, erinnert man sich oft nicht mehr daran, wie schwierig das war. Die Jungen des Kaiserpinguins müssen zum Beispiel aufpassen, dass sie nicht von einem Raubvogel gefangen werden.

HÄTTE DIE ANTARKTIS EIN WAPPEN, DANN WÄRE DARAUF SICHER EIN PINGUIN.

KAISERPINGUIN

Länge	100–130 cm
Gewicht	38 kg
Bestand	250 000 Paare

Der größte Pinguin der Welt. Er ha
Fähigkeiten, seine Körpertemperat
einzige Art, die sich im antarktisch
brütet, zudem direkt auf dem Eis.
legt, übergibt diese sofort dem Mä
eine akrobatische Leistung, denn d
berühren und wird von einem Fuß
Das Männchen überdeckt das Ei m
es warm. Die Männchen drängen s
zu vermeiden, dass Wärme verlore
sie auf den Fersen, um die Fläche
Eis berührt. Die Umgebungstempe
sinken und der Wind mit bis zu 180
Die Männchen wechseln sich ab, d
zugigen Rändern der Kolonie nicht
müssen, und so harren sie viele W
Nachwuchs aus dem Ei geschlüpft
bis zu hundert Kilometer weiten W
im Meer zurück. Sie übernimmt die
das Männchen kann sich nach vie
endlich selbst auf den weiten Weg
zu holen. Der Kaiserpinguin hält bi
Wasser aus und taucht 400 Meter
er etwa 20 Jahre alt, in Ausnahme

13,5 CM

Das Ei des Kaiserpinguins. Es ist
13,5 × 9,5 Zentimeter groß. Dass es wie eine
Birne aussieht, weiß man seit 1911, als der zu
Scotts Expedition gehörende Fotograft Herbert
G. Ponting es zum ersten Mal dokumentierte.

9,5 CM

UNTER WASSER

Unter Wasser herrscht ganz besondere Betriebsamkeit. Um die Antarktis herum ist es sehr lebendig, hier treffen die größten und die kleinsten Kreaturen aufeinander. Jedes Geschöpf hat eine eigene Überlebensstrategie, manche sind erfolgreicher und widerstandsfähiger, die empfindlicheren reagieren dafür schneller auf Veränderungen. Manche Tiere sind beliebt und werden zu Helden von Zeichentrickmärchen oder zu Modellen für Millionen von Stofftieren, vor anderen fürchten oder ekeln sich die Menschen. Viele von ihnen kennen wir gar nicht und werden ihnen wahrscheinlich nie begegnen. Manche Tiere warten noch darauf, entdeckt zu werden. Aber alle sind faszinierend und bilden zusammen die natürlichen Ökosysteme – sehr empfindliche Bande zwischen Fauna und Flora, zwischen Lebewesen, Pflanzen und ihrer Umgebung. Auch die allerkleinsten Wesen können für die allergrößten lebenswichtig sein, und gemeinsam bilden sie den Reichtum der Natur und die staunenswerte Mannigfaltigkeit des Lebens auf der Erde.

Der ANTARKTISCHE KRILL wiegt 2 Gramm und wird bis zu 6 Zentimeter lang. Wenn er sich vermehrt, leben in einem Kubikmeter Wasser 10.000 bis 30.000 Tierchen. Er wird 6 Jahre alt und dient vielen Wasserlebewesen als Nahrung. Die Gesamtmasse dieser Tierchen in den Ozeanen der Welt wird auf 500 Millionen Tonnen geschätzt. Das reicht aus, um auch die größten Tiere zu ernähren.

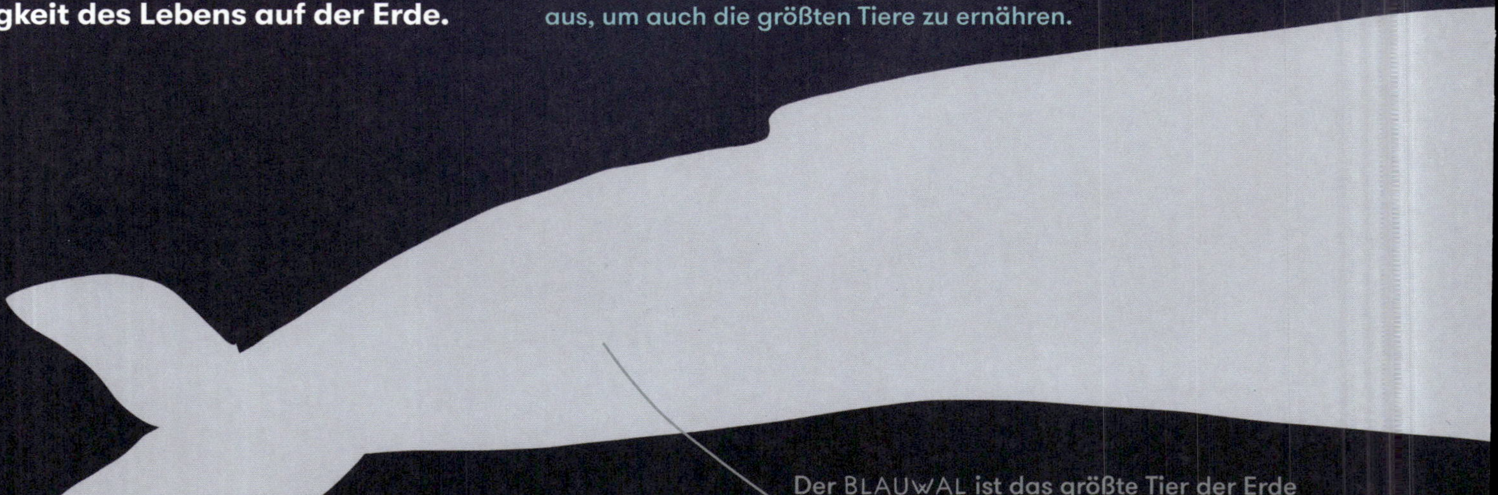

Der BLAUWAL ist das größte Tier der Erde und wahrscheinlich sogar das größte Tier, das je gelebt hat. Er wird bis zu 33 Meter lang und wiegt bis zu 190 Tonnen. Er schwimmt bis zu 36 km/h schnell und kann 80 Jahre alt werden. Es gibt auf der Welt ungefähr 17.000, also ist das Gesamtgewicht aller Blauwale viel kleiner als das Gesamtgewicht aller Krille.

WIE FÄNGT DER BLAUWAL KRILL?

1. Wo es viele Krille gibt, taucht er unter und formt mit Luftblasen einen Tunnel, in dem er die Krille einschließt.

2. Mit offenem Maul schwimmt er hinauf an die Oberfläche, wo die Krille sich angesammelt haben. Erst knapp über der Oberfläche schließt er das Maul wieder.

3. Statt Zähnen hat er Barten. Die funktionieren wie ein Sieb, er drückt mit der Zunge das Wasser aus dem Maul, nur die Krille bleiben hängen. Dann dreht er um, winkt über der Wasseroberfläche mit der Schwanzflosse und holt sich den nächsten Bissen. Mit einem Maulöffnen nimmt er bis zu 40 Tonnen Wasser und jede Menge Krille auf.

DAS MEER ATMET.
DIE WELLENBEWEGUNG IST WIE EINATMEN UND AUSATMEN.

MANCHMAL SIEHT ES AUS, ALS WÜRDE ES DEN ATEM ANHALTEN, ABER ES KANN AUCH GANZ SCHÖN HEFTIG KEUCHEN...

DAS MEER ATMET, BUCHSTÄBLICH. DIE ALGEN UND BLAUGRÜNBAKTERIEN, DIE DARIN LEBEN, KÖNNEN NÄMLICH KOHLENSTOFFDIOXID IN SAUERSTOFF UMWANDELN, SOWIE BÄUME. DAS NENNT MAN PHOTOSYNTHESE. DAS MEER ERZEUGT FAST DIE HÄLFTE DES SAUERSTOFFS, DEN ES AUF DER WELT GIBT. DANK DES MEERESATMENS ATMEN AUCH WIR.

WO WASSER IST, DA IST LEBEN.
WIR NENNEN DIE ERDE DEN
BLAUEN PLANETEN, WEIL
FAST DREI VIERTEL
IHRER OBERFLÄCHE
AUS OZEANEN
BESTEHEN.

DER OZEAN IST EINE LANDSCHAFT, DIE SICH PERMANENT
VERÄNDERT UND DOCH SCHON SEIT MILLIONEN
VON JAHREN DIESELBE IST.

EIN PAAR STUNDEN NACH ABFAHRT …

JA! GENAU DAS IST WIRKLICH GESCHEHEN.

TAG UND NACHT

Stellen wir uns vor, dass die Meeresströmungen so etwas sind wie Flüsse, dann ist die Strömung um Antarktika herum quasi der größte Fluss der Welt. Sie ist wie ein Rotor, der alle anderen Meeresströmungen ankurbelt, antreibt und aufmuntert. Die kühlen Strömungen fließen am Grunde des Ozeans, die warmen über sie hinweg. Diese Strömungen – und das ist eine ihrer wichtigen Eigenschaften – „tragen das Wetter mit sich“. Das Strömen um die Antarktis herum beeinflusst also auch Orte, die ganz weit entfernt sind, zum Beispiel Europa. Die Erde ist viel enger verknüpft, als es auf den ersten Blick scheint.

Um Antarktika herum fließt die mächtigste Meeresströmung der Erde, genannt Zirkumpolarstrom. Er wirkt wie eine imaginäre Grenze und trennt das kalte antarktische Meer von den wärmeren Ozeanen. Deshalb gedeihen im Wasser um den Kontinent herum viele endemische Arten. Das sind Tiere, die nur an einem ganz bestimmten Ort leben.

Im Sommer beträgt die Durchschnittstemperatur im Zentrum der Antarktis −30 °C, im Winter −65 °C.

Der Polartag beginnt am Südpol rund um den 23. September und dauert etwa bis zum 21. März, die Polarnacht herrscht in der zweiten Hälfte des Jahres. Am Nordpol ist es genau umgekehrt.

Eisberge entstehen durch das Gefrieren von gefallenem Schnee. Es gibt sie auf jedem Kontinent außer Australien.

Schon in der frühen Geschichte beobachteten die Menschen das überwältigende Weltraumkino der Polarlichter. Sie dachten, dass sich riesige Drachen und Schlangen am Himmel jagen, dass Götter tanzen, dass Geister mit Laternen nach toten Jägern suchen, dass es der Reigen der Seelen ist, oder auch, dass die Himmelslichter mit magischer Kraft ihr Leben beeinflussen können. Heute wissen wir, dass es sich um Teilchen handelt, die aufgrund von Eruptionen auf der Sonne durch den Weltraum flitzen und mit ungefähr zwei Tagen Verspätung zur Erde kommen.

Das Erdmagnetfeld lenkt die Teilchen des Sonnenwindes in Richtung des magnetischen Nord- und Südpols. Weil das Magnetfeld über den Polargebieten schwächer als anderswo auf der Erde ist, dringen sie in die Atmosphäre ein und führen hoch über der Erde eine faszinierende Show auf. Dass die Wissenschaftler das Rätsel der Polarlichter gelöst haben, tut ihrer Schönheit auch heute keinen Abbruch. Das nördliche Polarlicht heißt Aurora borealis, das südliche Aurora australis.

UNTER DER OBERFLÄCHE

FIRN
ist zu Boden gefallener, gefrorener Schnee. Unter Druck verwandelt er sich allmählich zu Eis. Das kann langsam in Richtung Meer wandern und sich vom Festland abtrennen. Größere Eisberge können mehrere Jahre umherschwimmen, bevor sie schmelzen.

NUNATAK
ist ein Felsen, der aus dem Eis hervorragt. Die Sonneneinstrahlung wird vom dunklen Stein nicht so stark reflektiert wie vom weißen Eis, darum ist es hier wärmer. Die Feuchtigkeit des geschmolzenen Eises ermöglicht das Wachstum von Moosen und Flechten. Es gibt aber keine Vegetation über die Höhe von Moosen und Flechten hinaus, da es nur ein paar Zentimeter über der Steinoberfläche wärmer ist als über dem Eis. Antarktika ist zu 99,7 Prozent von Eis bedeckt. Die restlichen 0,3 Prozent sind antarktischer Boden, der hervorragt.

FESTLANDEIS
kann an manchen Stellen über 4.500 Meter dick sein und entsteht aus komprimiertem Schnee. Weil es die Erinnerung unseres Planeten bewahrt, erforschen Wissenschaftler es mit Tiefbohrungen. Im Eis kommen jedes Jahr zwei Schichten dazu, eine im Sommer, eine im Winter. Von ihnen kann man wie von den Jahresringen der Bäume anhand der herausgebohrten Eissäulen viele Informationen über die Urzeit erhalten. Im antarktischen Eis verbergen sich auch mehr als 370 subglaziale Seen. Sie liegen zwischen dem Festlandgrund und der Eisschicht. Der größte heißt Wostok, so wie die Station über ihm.

SCHELFEIS
ist eine Eisfläche, unter der kein festes Land ist, sondern Meer. Die Bezeichnung kommt vom englischen Wort shelf, also Regalbrett. Es kann zwischen hundert und tausend Meter dick sein. Das größte ist das Ross-Schelfeis, das ungefähr so groß ist wie ganz Frankreich.

PERMAFROST UND FESTLAND
ist Erdboden oder Gestein, der oder das mindestens zwei Jahre am Stück gefroren ist. Permafrost ist nicht von Eis bedeckt. 99 Prozent des Festlandes liegen jedoch unter einer Eisdecke. Sie hat riesengroße Kraft und drückt aufs Festland darunter. Wenn alles Eis schmelzen würde, würde das antarktische Festland ohne all die Last nach oben ploppen. Man kann aber nicht berechnen, wie hoch genau, darum kann man von Antarktika ohne Eis keine Karte zeichnen.

SONNE

Die Pole sind am weitesten von der Sonne entfernt, der Äquator ist am nächsten dran. Der Polartag dauert am Pol ein halbes Jahr, die Sonne geht nur einmal im Jahr unter. Weil der Großteil der Oberfläche von weißem Schnee und Eis bedeckt und die Luft sehr trocken ist, werden die Sonnenstrahlen zurück in den Weltraum reflektiert. Die Wärme kann sich in der Antarktis nirgendwo festhalten, aber überall ist reflektiertes Licht, und es droht die Schneeblindheit.

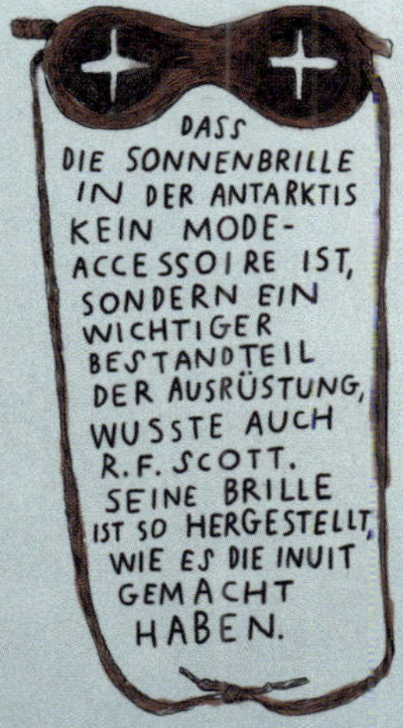

PINGUINKOLONIE

Weil sie drei Viertel ihres Lebens im Meer verbringen, bauen sie sich Nester nah am Ufer. Eine Ausnahme sind die Kaiserpinguine, die ihre Kolonien Dutzende von Kilometern ins Landesinnere verlegen. Pinguine sind sehr gesellige Wesen, in Kolonien können bis zu zwei Millionen von ihnen zusammenleben. Die Anzahl ist von Art zu Art verschieden.

GEFRORENES MEER

Das Meer friert bei ungefähr –2 °C zu, Eis bildet sich nur an der Oberfläche. Zwischen dem Meereis und einem Eisberg gibt es einen großen Unterschied. Eisberge brechen vom Festlandeis ab. Meereis gefriert an der Oberfläche, über dem Wasser. Ein Eisberg kann bis zu 90 Prozent seines wahren Ausmaßes unter der Meeresoberfläche verstecken und stellt eine Gefahr für Schiffe dar. Davon kann die Titanic was erzählen …

EISBERGE

sind abgebrochene Stücke vom Schelfeis, die mindestens 5 Meter hoch über die Meeresoberfläche ragen. Sie sind also nicht salzig wie das Meer, denn sie bestehen aus gefallenem und gefrorenem Schnee.

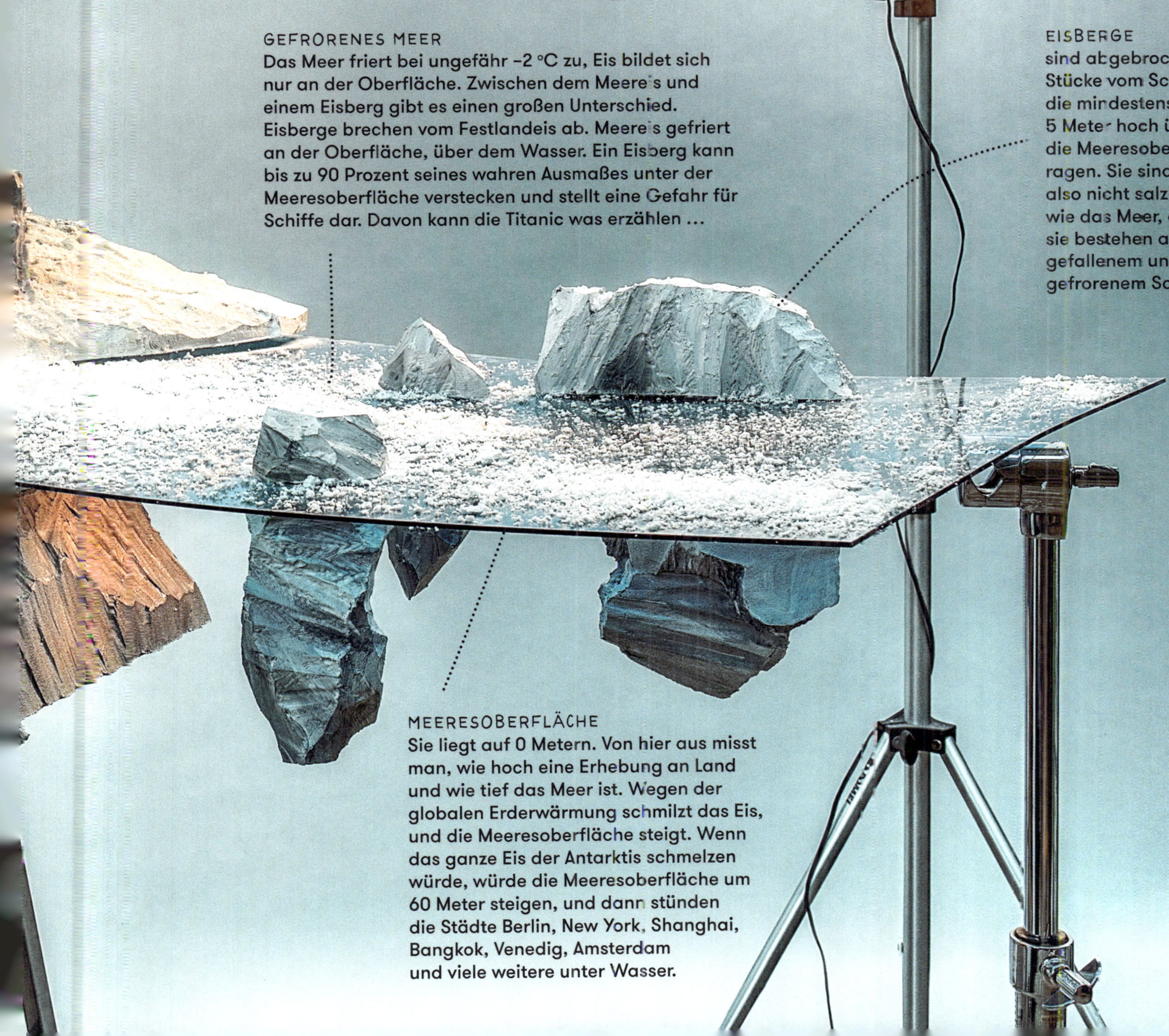

MEERESOBERFLÄCHE

Sie liegt auf 0 Metern. Von hier aus misst man, wie hoch eine Erhebung an Land und wie tief das Meer ist. Wegen der globalen Erderwärmung schmilzt das Eis, und die Meeresoberfläche steigt. Wenn das ganze Eis der Antarktis schmelzen würde, würde die Meeresoberfläche um 60 Meter steigen, und dann stünden die Städte Berlin, New York, Shanghai, Bangkok, Venedig, Amsterdam und viele weitere unter Wasser.

EISBERG

IST DAS GERÄUSCH VON ABBRECHENDEM EIS

Ein EISBERG ist ein Stück Eis, das sich abgelöst hat und alleine auf dem Meer unterwegs ist. Manchmal dauert es Jahrzehnte, bis es schmilzt. Der sichtbare Teil ist oft nur ein Zehntel des Ganzen. Auch scheinbar kleine Exemplare sind deswegen ein Schrecken für Schiffe. Jedes Jahr trennen sich ungefähr 15.000 Eisberge ab. Einer der größten Eisberge, der von Menschen beobachtet wurde, löste sich im März 2000 von der Antarktis ab. Er bekam den Namen B-15, was vielleicht nicht der schönste Name ist für den größten Eisberg der Welt, aber er hat seinen Grund: Der Name geht sozusagen auf seinen Stammbaum zurück. Die Menschen haben die Antarktis auf dem Papier in vier Bereiche geteilt. Der Buchstabe B zeigt an, von welchem Teil der Antarktis er sich abgelöst hat, die Nummer 15 besagt, um das wievielte abgelöste Stück Eis es sich vom Weltraum aus gesehen handelt. Wenn sich von diesem ein Stück abtrennt, bekommt es den Namen B-15A, also das erste abgelöste Stück vom fünfzehnten abgelösten Stück vom Antarktisteil B.

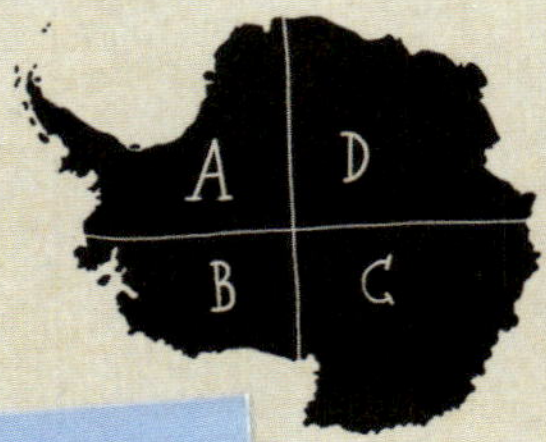

TREIBEIS WIRD NIE LANGWEILIG.
AUS IRGENDEINEM GEHEIMNISVOLLEN GRUND SCHAUT MAN ES STUNDENLANG AN UND SIEHT SICH NICHT SATT, ES WIRKT EHER BERUHIGEND. DAS IST SO ÄHNLICH WIE FEUER ZU BETRACHTEN ODER WOLKEN.
WIE KOMMT DAS?

Ist das Phänomen, dass wir vom Eisberg nur einen kleinen Teil sehen, ein Beispiel dafür, wie wir die Welt wahrnehmen? Ist vielleicht alles, was wir sehen, nur ein Zehntel des Ganzen – während wir uns den Rest dazudenken und zusammensetzen aus allem, was wir schon erlebt oder erfahren haben? Und was, wenn wir uns diesen größeren Teil falsch dazudenken?

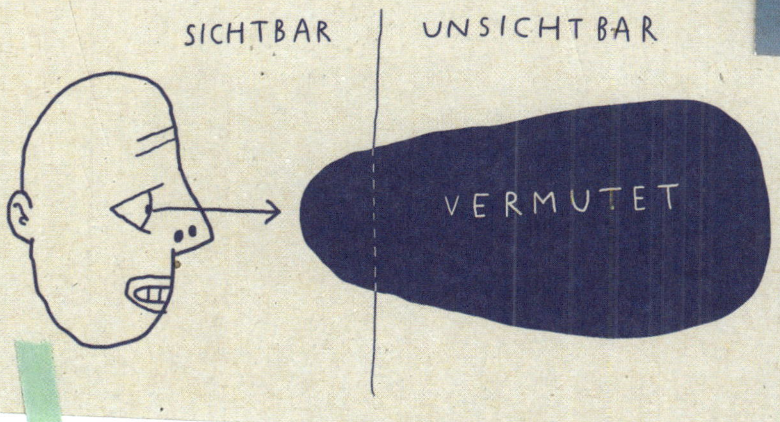

Wir nehmen die Welt mit fünf Sinnen wahr. Und wenn wir nur vier Sinne hätten, oder zum Beispiel sechs? Die Welt bliebe dieselbe, aber die Informationen, die wir über sie hätten, wären andere. Auch wenn wir weniger oder mehr von unserer Umwelt wahrnehmen könnten, müssten wir uns den Rest dazudenken. Dabei darf man nicht vergessen: Das, was wir nicht sehen, denkt sich jeder anders dazu.

WELCHE FARBE HAT DIE ANTARKTIS?

HAT JEDE FARBE EINEN NAMEN?

WIE SIEHT GUTES WETTER AUS?

WIE LANGE DAUERT ES, BIS IN DER ANTARKTIS DIE SONNE AUF- ODER UNTERGEHT?

WIE VIEL UHR IST ES IN DER ANTARKTIS?

WIE RIECHT DIE ANTARKTIS?

WER HAT DIE STAATSGRENZEN ERFUNDEN?

WIE KLINGT DIE ANTARKTIS?

BAUTE AMUNDSEN AM POL EINEN SCHNEEMANN?

WAS IST DIE WICHTIGSTE FRAGE DER WELT?

WIE VIEL GRAD CELSIUS SIND ES, WENN ES KALT IST?

KANNST DU DIR DEN LÄRM VORSTELLEN, WENN EIN EISBERG ZERBRICHT, DER SO GROSS IST WIE DER KÖLNER DOM?

WAS HAT NOCH NIEMAND GESEHEN?

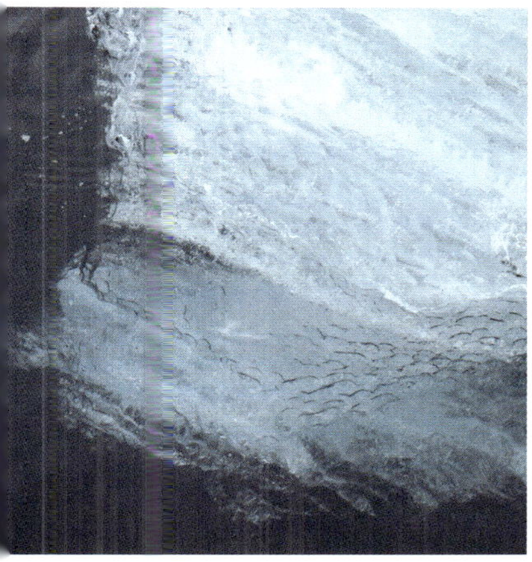

WIE VIELE FARBTÖNE HAT SCHNEE?

WIE SOLLTE MAN SCHAUEN?

Wer etwas entdecken will, muss hinschauen können und ein guter Beobachter sein. Es gibt verschiedene Arten, die Welt zu sehen, und hier ist die Rede von dreien. In der ersten steckt die Fähigkeit zu staunen, in der zweiten die Fähigkeit, die Dinge zu sortieren und sie mit dem zu vergleichen, was man kennt. Die dritte ist manchmal ablehnend, aber beweist auch die Fähigkeit, man selbst zu bleiben und sich nicht von außen beeinflussen zu lassen. Je nach Situation ist manchmal die eine, manchmal eine andere angebracht, oft auch eine Kombination. Das Wichtigste ist aber, dass wir selbst entscheiden, wie wir die Welt sehen.

WIE BLICKEN WIR AUF DIE WELT?

1.

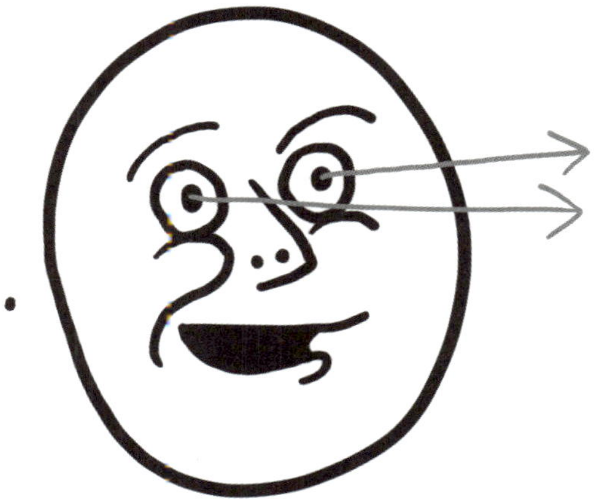

NA SOWAS!

Wenn ihr in einer neuen Umgebung seid, zum Beispiel auf Reisen, schaut ihr euch überall aufmerksam um und saugt alles Neue in euch auf. Oft seht ihr Details, auf die ihr zu Hause gar nicht stoßen würdet. Deshalb ist es manchmal auch gut, keinen Reiseleiter dabei zu haben, der mit dem Finger auf die Sachen zeigt, die man sich anschauen soll. „Na sowas!", sagt einer, der sich verzaubern lassen und sich richtig wundern kann.

KLAR, KENN ICH.

2.

Es ist super, viele Dinge zu kennen. Das hilft uns, in der Welt zurechtzukommen und zu verstehen, was um uns herum passiert. Wenn wir uns aber nur darauf beschränken, dann sehen wir gar nichts Neues mehr, weil wir das, was wir sehen, höchstens mit dem vergleichen, was wir kennen. Das, was unsere Aufmerksamkeit erregt hat, bekommt nur noch einen Namen und eine Schublade. Oft gehen dann die geheimnisvolle Anziehungskraft und das, was uns überraschen könnte, verloren, und das ist schade. Das Benennen ist wie ein Zaubertrick, mit dem wir Macht über das Unbekannte bekommen. Das bedeutet aber noch lange nicht, dass wir es verstanden haben.

3.

NA UND...

Hmmmm, na und? Das ist der Blick von einem, der so tut, als ob ihn nichts überraschen könnte. Manchmal ist es auch nur die Angst hinter der Maske des coolen Checkers, der sich so vor all dem, was er nicht kennt, schützt. Was er nicht kennt, interessiert ihn auch nicht. Warum? Könnte ja sein, dass er seinen Standpunkt ändern müsste. Es könnte auch bedeuten, dass er sich geirrt hat. Und ein cooler Checker irrt sich doch nie. Überrascht zu sein, das bedeutet auch, ein bisschen verletzlich zu sein. „Na und ..." – das ist die gleichgültige Perspektive von einem, der nicht damit rechnet, dass etwas Erstaunliches passieren könnte. Wenn ihr nichts erwartet, dann merkt ihr gar nicht, dass bereits etwas passiert.

WAS HÖREN WIR, WENN WIR HINHÖREN?

Wenn ein Mensch vor vielen Jahren vor einem tiefen, dunklen Wald stand, aus dem sowohl bekannte als auch gespenstische Geräusche kamen, konnte er leicht daran glauben, dass hier geheimnisvolle Wesen leben. Wenn er heute vor demselben Wald steht und dasselbe hört, ordnet er die Geräusche vielleicht mithilfe einer App verschiedenen Tieren zu, und vielleicht sagt ihm das Gerät auch, ob das Tier gefährlich, selten oder trächtig ist, und gibt ihm viele andere Informationen. Nichts soll ihn mehr überraschen. Was ist also anders geworden – der Wald oder die Wahrnehmungsweise der Menschen?

Auch wenn wir die meisten Dinge über die Welt durch das Sehen erfahren, spielt das Gehör eine sehr wichtige Rolle. Wir benutzen es oft, ohne dass es uns bewusst ist. Es ist unabdingbar für die räumliche Orientierung. In der Antarktis passiert es manchmal, dass einen die Schneeblindheit überfällt. Dann verschwimmt das Licht um einen herum und der Himmel ist genauso weiß wie der Boden. Man sieht den Horizont nicht, als hätte jemand alles ringsherum ausradiert … Man weiß nicht mehr, ob man bergauf geht oder bergab, ob man geradeaus geht oder im Kreis. Und weil die Antarktis der windigste Ort der Welt ist, ist das Heulen des Windes oft das einzige, was man hört. Wer soll sich da noch zurechtfinden? Stellt euch mal vor, wie das wohl bei den Expeditionen der ersten Polarforscher war, die viele Wochen lang durch so eine Landschaft streiften …

Und was hört man, wenn der Wind aufhört zu wehen? Beim Gehen hört man den Klang des Schnees. Der hängt von der Temperatur des Schnees ab. Je stärker er gefroren ist, desto höher ist der Ton. Bei ungefähr −2 °C fängt Schnee an, zu knirschen und zu ächzen. Was man da hört, ist das Zerbrechen der Eiskristalle. Bei höherer Temperatur erweicht er und wird zu Matsch. Als der Komponist Miroslav Srnka die Oper „Südpol" komponierte, versuchte er alles das in sein Werk einzuarbeiten. Er schuf den Klang eines unertastbaren und unbegrenzten Raums, der die menschlichen Kräfte übersteigt … Macht die Augen zu und stellt euch vor, wie die Antarktis klingt.

Das Eis ist wie ein Buch, jede Schicht gefallenen Schnees ist eine Seite. In vielen Teilen der Antarktis herrscht immerwährender Frost, darum schmilzt der gefallene Schnee nicht, und es kommen immer neue Seiten dazu. Auf jeder stehen viele Informationen, die für Wissenschaftler wichtig sind, denn dieses Eisbuch handelt von der Geschichte des Planeten Erde.

Im Eis sind viele tiefe Spalten, manche Dutzende Meter tief. Manchmal sind sie an der Oberfläche von Schnee zugeweht und komplett unsichtbar. Wenn du nicht ganz vorsichtig testest, wo du hintreten kannst, kann es unter dir knacken, es ertönt ein Laut wie wenn Glas zerbricht, und du verschwindest für immer in einem tiefen, kalten Loch, wo dich niemals jemand finden wird. So verschwand am 14. Dezember 1912 zum Beispiel Belgrave E. S. Ninnis, Mitglied der Polarexpedition von Douglas Mawson: „Gegen ein Uhr nachts bin ich über eine Spalte gesprungen, derer wir unzählige gesehen haben. Ich rief beiden Schlitten hinter mir zu, sie sollten aufpassen", notierte Xavier Mertz, ein anderes Mitglied der Expedition und erfahrener Schweizer Bergsteiger. „Fünf Minuten später drehte ich mich um. Hinter mir fuhr Mawson, Ninnis jedoch war nirgends zu sehen." Zum Pech der Expedition verschwanden mit seinen Schlitten die meisten Vorräte für die Besatzung und für die Hunde. So wurde die Entdeckungsreise zum Kampf ums Überleben, und am Ende kehrte nur Mawson zurück. Wenn sich heute eine Expedition auf unbekanntes Terrain begibt, dann sind die Polarforscher an Seilen befestigt und sichern sich gegenseitig. Der erste hat einen langen Stab und prüft den Boden vor sich. Auch Schneeraupen und Bulldozer müssen sehr langsam fahren, sie haben Sensoren an vorgelagerten Fühlern, mit denen sie feststellen, ob das Eis trägt.

DAS EIS

Welche Farbe hat der Schnee? Ihr meint WEISS? Aber nein, er ist farblos. Er sieht weiß aus, weil die Schneekristalle das Licht reflektieren, das auf sie fällt. Würden sie das Licht nicht reflektieren, sondern schlucken, dann sähe er SCHWARZ aus. Manche Eisberge sind blau, weil ihre Kristallstruktur alle Farben schluckt außer Blau. BLAUES Eis ist fester und enthält weniger Luft als weißes. Wenn wir in tiefe Eisspalten hinabsehen, dann wirkt es, als würden wir eher ein Blaulicht anschauen als eine Eisschlucht.

EINE SCHNEEFLOCKE BRAUCHT CIRCA 50.000 JAHRE, BIS SIE DURCH DIE ANTARKTIS HINDURCH IN DEN OZEAN GELANGT.

Der französische Glaziologe Claude Lorius machte im Jahr 1998 auf der Station Wostok eine 3.603 Meter tiefe Bohrung und gelangte so 420.000 Jahre in die Vergangenheit. Das älteste Stück Eis der Antarktis, das je an die Oberfläche befördert wurde, ist 2,7 Millionen Jahre alt.
Auch Luftblasen gefrieren im Eis und bewahren uralte Luft, die uns viel über die Urzeiten unseres Planeten erzählen kann, als noch keine Menschen darauf lebten. Durch solche Informationen kann man große Zeitabschnitte miteinander vergleichen und untersuchen, was Einfluss auf das Klima und die Atmosphäre der Erde genommen hat.

Menschliches Handeln beeinflusst leider das Klima, und nicht gerade positiv. Weil sich die Ozeane erwärmen, schmilzt das Eis am Rand der Antarktis schneller. Wissenschaftler schätzen, dass die Antarktis, Grönland und andere Eisflächen bis zum Jahr 2100 so viel Eis verlieren werden, dass die Meeresoberfläche um mehr als einen Meter steigen wird.
Wie hoch der Meeresspiegel steigen wird, hängt unter anderem davon ab, wie viele Treibhausgase die Menschen und ihre Industrie und Landwirtschaft in Zukunft ausspeien werden. Diese tragen entscheidend dazu bei, dass sich die Erde weiter erwärmt. Es ist also an uns, ob wir es schaffen, den eigenen Verbrauch zu begrenzen und die Politiker zu überzeugen, gegen die ökologische Katastrophe zu kämpfen. Wie? Etwa dadurch, dass sie die großen Firmen dazu zwingen, verantwortungsvoll mit der Erde umzugehen und nicht nur habgierig zu sein. Die Erdkugel ist wie ein Staffelstab. Es hängt allein von uns ab, in welchem Zustand wir sie den nächsten Generationen weitergeben oder ob der Staffellauf plötzlich vorbei ist. Wir beeinflussen die Zukunft, und zwar genau jetzt.

IST UNSER GEDÄCHTNIS

ATLANTISCHER OZEAN
SÜD-ORKNEY-INSELN
ORCADAS 1904
SIGNY 1947
EDUARDO FREI 1969
COMANDANTE FERRAZ 1984
ARTURO PRAT 1947
KING SEJONG 1988
BELLINGSHAUSEN 1968
PROFESSOR JULIO ESCUDERO 1994
CARLINI 1953
HENRYK ARCTOWSKI 1977
MACHU PICCHU 1989
GREAT WALL 1985
PEDRO VINCENTE MALDONADO 1990
CAMARA 1953
JUAN CARLOS I 1989
ST. KLIMENT OHRIDSKI 1988
GABRIEL DE CASTILLA 1990
DECEPTION 1948
MELCHIOR 1947
ELEPHANT ISLAND
ARTIGAS 1984
BERNARDO O'HIGGINS 1948
GARS O'HIGGINS
ESPERANZA 1953
MARAMBIO 1969
JOHANN GREGOR MENDEL 2006
PRIMAVERA 1977
GONZÁLEZ VIDELA 1951
BROWN 1951
YELCHO 1962
PALMER 1965
VERNADSKY 1994
DIRCK GERRITSZ LABORATORY
ROTHERA 1975
SAN MARTIN 1951
FOSSIL BLUFF 1961
ANTARKTISCHE HALBINSEL
NEUMAYER III 2009
SANAE IV 1960
WASA 1989
ABOA 1989
SVEA 1988
KOHNEN 2001
RIISER-LARSEN-SCHELFEIS
COATS-LAND
HALLEY 1956
BELGRANO II 1955
WEDDELL-MEER
FILCHNER SCHELFEIS
BERKNERINSEL
RONNE-SCHELFEIS
BELLINGHAUSENSEE
4892m VINSON-MASSIV
AMUNDSEN-SCOTT
POLA PLATE
60°
70°
80°
WESTANTARKTIKA
ELLSWORTHLAND
TRANSANT
AMUNDSEN-SEE
MARY-BYRD-LAND
ROSS-SCHELFEIS
RUSSKAJA 1980
ROOSEVELT INSEL
BUCHT DER WALE
ROSSMEER
PAZIFISCHER OZEAN
SÜDLICHER POLARKREIS

0 500 1000 KM
JINNAH 1991
PRINCESS ELISABETH 2007
SYOWA 1957
MOLODEZHNAJA 1962
VECHERNYAJA 2007
MIZUHO 1970
NOVOLAZAREVSKAJA 1961
SCHWABENLAND
DOME FUJI 1995
MAC-ROBERTSON-LAND
MT. MENZIES 3355 m
MAWSON 1954
AMERY-SCHELFEIS
ZHONGSAN 1989
LAW-RACOVITĂ 1987
BHARATI 2012
DAVIS 1957
PROGRESS 1988
OSTANTARKTIKA
TAISHAN 2014
POL DER UNZUGÄNGLICHKEIT
KUNLUN 2009
WEST-SCHELFEIS
80°
70°
60°
MIRNY 1956
GEOMAGNETISCHER SÜDPOL (2019)
QUEEN MARY LAND
SHACKLETON-SCHELFEIS
WOSTOK 1957
21. JULI 1983
GEMESSENE TEMPERATUR
-89 °C
CASEY 1969
INDISCHER OZEAN
CONCORDIA 1997
VANDA 1974
MCMURDO STATION 1955
WOJEIKOW-SCHELFEIS
MT. EREBUS 3794 m
WILKES-LAND
VIKTORIA-LAND
MARIO ZUCCHELLI 1986
JANG BOGO 2014
DUMONT D'URVILLE 1956
LENINGRADSKAJA 1971
MAGNETISCHER SÜDPOL (2019)
GRENZE DES ANTARKTISCHEN STRÖMUNG

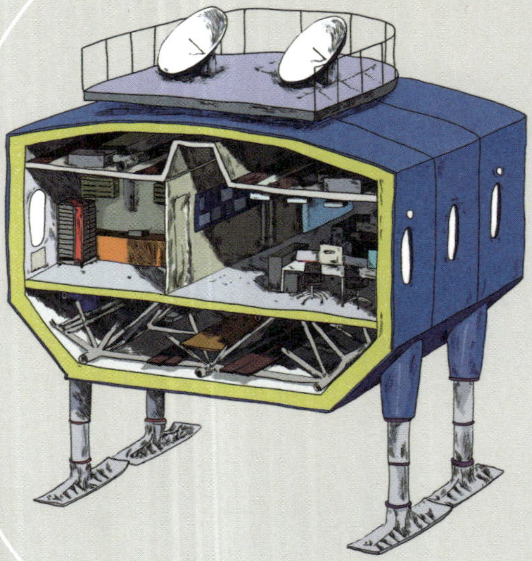

HALLEY VI

Großbritannien

75°34'25"S, 25°28'01"W

Ganzjährige Station

Kapazität 52 Personen

Die Station besteht aus acht miteinander verbundenen Zellen, die auf hydraulischen Beinen mit riesigen Skiern stehen. Man kann sie mithilfe von Bulldozern versetzen. Die Farben sind so gewählt, dass sie für die Wissenschaftler, die hier viele Monate verbringen, den Farbenmangel der Landschaft ausgleichen. Und innen gibt es ein Treppenhaus, das mit dem duftenden Holz libanesischer Zedern verkleidet ist. Das soll den Geruchssinn stimulieren, der ebenfalls wenigen Reizen ausgesetzt ist. Die Station ist schon die sechste Version der ersten Halley-Station von 1956. Sie steht nicht auf festem Boden, sondern auf Eis. Die Vorgängerversionen wurden auf dem sich bewegenden Eis allmählich auseinandergerissen. Um dem vorzubeugen, entstand dieser antarktische Bauwagen der Zukunft.

GONZÁLEZ VIDELA

Chile

64°49'25"S, 62°51'26"W

Saisonale Station

(Dezember bis April)

Kapazität 15 Personen

Die Station wurde nach dem chilenischen Präsidenten benannt, der 1940 die Antarktis besuchte. Wie viele andere Stationen liegt sie an einer Stelle, an der sich auch eine Pinguinkolonie niedergelassen hat, deshalb sticht einem als erstes der heftige Gestank von Guano oder Pinguinkot in die Nase.

WERNADSKY

Ukraine

65°14'44"S, 64°15'27"W

Ganzjährige Station

Kapazität 24 Personen

Die Ukrainer kauften sie 1994 von den Briten. Ursprünglich trug sie den Namen Faraday. Es ist der einzige Ort der Antarktis, wo so viel Wert auf das soziale Miteinander gelegt wird, dass es hier auch eine Bar gibt.

NEUMAYER III

Deutschland

70°41'00"S, 08°16'00"W

Ganzjährige Station

Kapazität 40 Personen

Diese Station ist relativ geräumig – etwas größer als ein halbes Fußballfeld. Sie steht auf hydraulischen Pfeilern, die sie über den Schneemassen halten. Diese können ein großes Problem für eine Station sein, die nicht auf festem Boden steht, etwa auf einem Nunatak, sondern auf driftendem Schelfeis. Die Pfeiler sind eine elegante Lösung, die gut funktioniert.

McMURDO

USA

77°50'53"S, 166°40'06"E

Ganzjährige Station

Kapazität 1.200 Personen

Größte Stadt der Antarktis. Dient auch als Versorgungsknotenpunkt für andere Stationen. Kettentraktoren kümmern sich jede Saison um die Instandhaltung der Straße Richtung Pol, man nennt sie den McMurdo Southpole Highway. In der Antarktis gibt es keine Zeitzonen, deshalb wird jede Station entsprechend der Zeit ihres Landes geführt. Aber wie machen sie das auf der McMurdo, wenn es in den USA doch vier Zeitzonen gibt?

Mehr als 70 Stationen aus 30 Ländern gib es in der Antarktis. Eine der ersten war Scotts Hütte, in der die britische Expedition vor der Reise zum Pol übernachtete. Man kann sie bis heute besuchen, durch die Kälte und Trockenheit ist sie hervorragend erhalten. In Amundsens Hütte Framheim könnt ihr aber nicht mehr hineinschauen, sie ist im Eis versunken und verschwunden. Obwohl die Antarktisstationen fast nur von Wissenschaftlern besucht werden, ist es für viele Länder eine Frage des Prestiges, eine eigene zu haben. Sie zu bauen, ist eine große Herausforderung, und die Bauverfahren haben sich mit der Zeit geändert. Oft werden Spitzenarchitekten angefragt, die sich dann überlegen, wie man ein Gebäude unter extremen Bedingungen so bauen kann, dass es eine geringe ökologische Auswirkung auf die Umgebung hat und in der Antarktis möglichst viel Energie selbst aus der Sonneneinstrahlung und dem Wind gewinnen kann. Die Stationen sind zum Teil das ganze Jahr in Betrieb, zum Teil nur saisonal. Sie sind auch für unterschiedlich viele Leute gebaut. Manche sind klein, auf der tschechischen Mendel-Station halten sich zum Beispiel höchstens 18 Wissenschaftler auf. Auf der größten Antarktisstation, der US-amerikanischen McMurdo, leben bis zu 1.200 Menschen, sie ist wie eine kleine Stadt. Auch die Stelle, an der die Station steht, ist wichtig. Die Auswahl des Standorts erfolgt nach der Forschung, die darauf betrieben werden soll, und nach der Zugänglichkeit für Schiff oder Flugzeug. In die Zukunft der Polarstationen weist die britische Station Halley VI, die man verlegen kann, je nachdem, was man gerade erforschen will. China wiederum baute die Kunlun-Station an einem extremen Ort in einer Höhe von 4.093 Metern über dem Meeresspiegel auf. Am wärmsten war es dort mit –35 °C und am kältesten mit –82,3 °C, die mittlere Jahrestemperatur liegt bei –58,4 °C. Nicht zufällig wird hier vor allem meteorologische Forschung betrieben. Die meisten Stationen stehen zugunsten der Stabilität auf festem Boden. Sie sind häufig am Ufer zu finden, das mehr Anlässe zu wissenschaftlicher Forschung bietet als das Binnenland. Es ist von Vorteil, eine Antarktisstation in der Nähe von anderen Stationen aufzubauen, denn man weiß nie, wann man mal Hilfe braucht.

TROLL

Norwegen

72°00'43"S, 02°31'59"E

Ganzjährige Station

Kapazität 60 Personen

Sie wurde 1990 als saisonale Station erbaut, seit den Umbauten von 2005 wird sie ganzjährig genutzt. Sie liegt 235 Kilometer vom Ufer entfernt, deshalb erreicht man sie nur auf einem Eisbrecher, einer Schneeraupe oder auf dem Luftweg. Auf der Station sind ein Hubschrauberlandeplatz und eine Landebahn, also Schnee, der so bearbeitet ist, dass darauf ein Flugzeug starten und landen kann. Siebenmal im Jahr landet eines.

BROWN

Argentinien

64°53'43,7"S, 62°52'13"W

Saisonale Station

(Oktober bis März)

Kapazität 18 Personen

Solche Wegweiser gibt es an vielen Stationen, diese sind von der Brown. Alle Pfeile zeigen in eine Richtung, bis auf den, der zum Südpol weist.

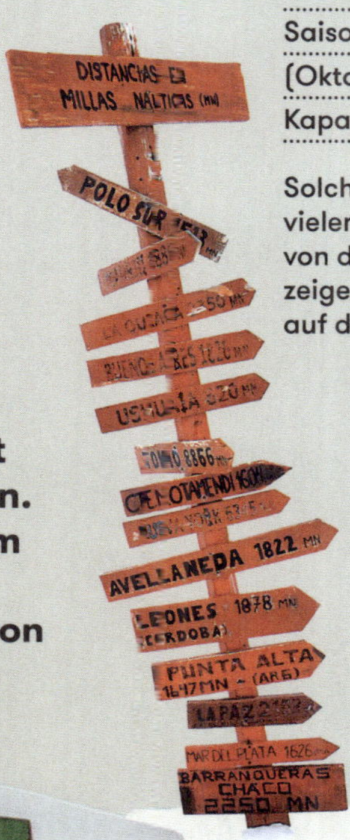

SCOTT BASE

Neuseeland

77°50'58"S, 166°46'02"E

Ganzjährige Station

Kapazität 86 Personen

Liegt ungefähr 3 Kilometer von der US-amerikanischen McMurdo-Basis entfernt. Sie besteht aus sechs Hauptgebäuden und drei Laboren. Wegen der Brandgefahr haben die Gebäude sieben Meter Abstand zueinander. Der Baubeginn war 1956. Wie es dort gerade aussieht, könnt ihr euch im Internet durch eine Webcam anschauen.

Die Stelle, wo der geografische Südpol liegt, wird von einem kleinen Bronzeobjekt markiert. Jedes Jahr gibt es ein neues. Es wird auf der Amundsen-Scott-Station, die am Pol liegt, hergestellt. Das Objekt auf dem Bild wurde zum 100-jährigen Jubiläum des Erreichens des Südpols gemacht. Es erinnert an die Zeit der ersten Antarktisexpeditionen, als der Sextant das Hauptinstrument für die Navigation war.

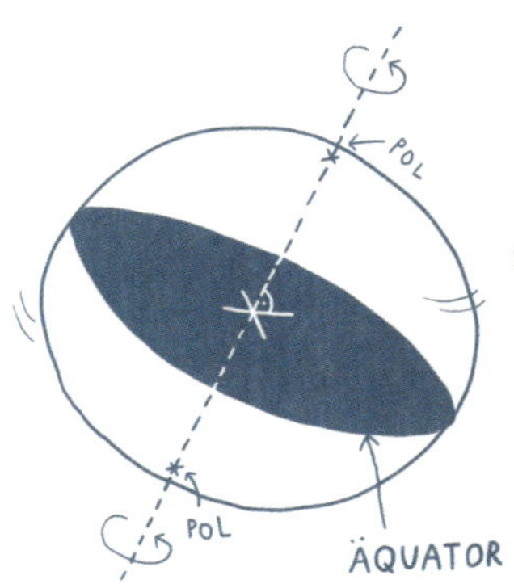

Üblicherweise spricht man über zwei Pole, und jeder kennt den Nord- und den Südpol. Die Sache ist aber etwas komplizierter. Es gibt nämlich vier Südpole.

Der bekannteste von ihnen ist der geografische Südpol, den wir auf der Karte sehen. Durch ihn und den geografischen Nordpol hindurch verläuft die imaginäre Achse, um die sich die Erde dreht, und alle Meridiane laufen hier zusammen. Weil sich die Erde in Wirklichkeit nicht so symmetrisch dreht wie ein Globus, verschiebt sich die Position der Pole im Lauf eines Jahres um ein paar Meter. Die Stelle, an der sich der geografische Südpol befindet, sieht gar nicht außergewöhnlich aus. Sie wurde vom Menschen festgelegt, liegt auf einer Höhe von 2.836 Metern über dem Meeresspiegel, und gleich daneben steht die Basis Amundsen-Scott.

Der magnetische Pol ist der, auf den die Kompassnadel zeigt. Er befindet sich woanders als der Pol auf der Karte und ist viel interessanter. Wegen Veränderungen des Erdmagnetfelds ist er permanent in Bewegung und verschiebt sich jährlich um bis zu 15 Kilometer. Früher hat diese Bewegung bei Reisenden für Verwirrung gesorgt. An einigen Stellen zeigte nämlich der Kompass den Norden in einer anderen Richtung an, als er laut Karte liegen musste. Das war auch einer der Gründe, warum man begann, die Polargebiete zu erforschen. Heute navigieren die Menschen eher mithilfe von GPS und nicht mit dem Kompass. Auch viele Tiere orientieren sich am magnetischen Pol, zum Beispiel Vögel. Circa einmal alle eine Million Jahre kommt es zu einer Umpolung des Magnetismus der Erde, und der Nord- und Südpol tauschen die Position. Was bedeutet das für die Schwalbe, die Tausende von Kilometern in die warmen Gefilde fliegt und sich von ihrem inneren Kompass die Richtung anzeigen lässt? Das weiß niemand, weil sich die Erde zum letzten Mal vor 800.000 Jahren umgepolt hat.

Außer dem geografischen und dem magnetischen Pol gibt es noch den geomagnetischen Pol. Durch ihn verläuft eine andere imaginäre Achse, die aus einer magnetischen Gesteinsanalyse und der Bewegung des heißen Erdkerns errechnet wird. Auch der geomagnetische Südpol verschiebt sich und legt jährlich ungefähr 2 Kilometer zurück.

Der vierte Pol ist der Pol der Unzugänglichkeit. Den hat jeder Kontinent, und er zeigt denjenigen Ort an, der von allen Seiten her am weitesten vom Ufer weg ist. In der Antarktis liegt er 463 Kilometer vom geografischen Pol entfernt auf einer Höhe von 3.718 Metern über dem Meeresspiegel. Im Jahr 1957 erreichte die sowjetische Antarktisexpedition ihn als erste, und sie hinterließ dort eine Lenin-Statue. Warum schleppten die Polarforscher sie bis hierher und warum ließen sie sie hier stehen? Niemand weiß es …

ALLE SÜDPOLE

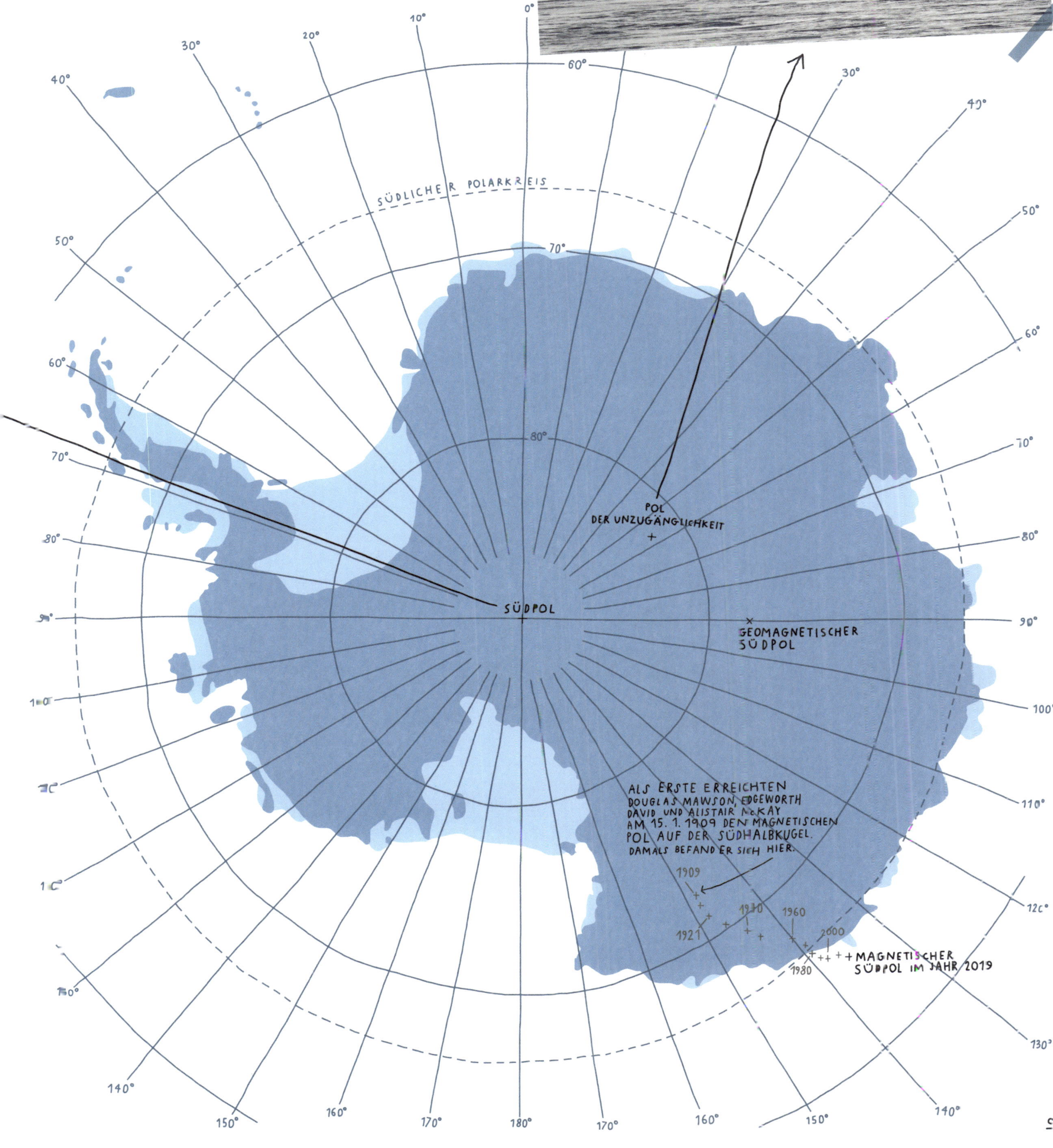

STATIONEN

Im Jahr 2019 gab es Antarktisstationen von folgenden Ländern:

- **Argentinien**
- **Australien**
- **Belgien**
- **Belarus**
- **Brasilien**
- **Bulgarien**
- **Chile**
- **China**
- **Deutschland**
- **Ecuador**
- **Finnland**
- **Frankreich**
- **Großbritannien**
- **Indien**
- **Italien**
- **Japan**
- **Neuseeland**
- **Niederlande**
- **Norwegen**
- **Peru**
- **Polen**
- **Russland**
- **Schweden**
- **Spanien**
- **Südafrika**
- **Südkorea**
- **Tschechien**
- **Ukraine**
- **Uruguay**
- **USA**

WOSTOK

Russland
78°28'00"S, 106°48'00"E
Ganzjährige Station
Kapazität 30 Personen

Die Station wird unter extremsten Bedingungen betrieben. Sie befindet sich in der Nähe des geomagnetischen Pols und des Pols der Unzugänglichkeit und liegt auf einer Höhe von 3.488 Metern über dem Meeresspiegel. Ihre Lage ist ideal für meteorologische Forschungen. In der rotweißen Kugel ist eine Antenne, die die Daten der meteorologischen Ballons überwacht. Hier wurde die tiefste Temperatur ermittelt, die je auf der Erde mit einem Thermometer gemessen wurde. Der Jahresdurchschnitt liegt bei –55,4 °C.

BHARATI

Indien
69°24'24"S, 76°11'43"E
Ganzjährige Station
Kapazität 47 Personen

Man erkennt es von außen nicht, aber die Station wurde aus 134 vorproduzierten Containern zusammengesetzt, um so den Transport zum Standort zu erleichtern.

PRINZESSIN ELISABETH

Belgien
71°56'59,5"S, 23°20'48,8"E
Saisonale Station (November bis Februar)
Kapazität 40 Personen

Sie ist nach der belgischen Thronfolgerin benannt, die zum Zeitpunkt der Eröffnung der Station 2008 in die erste Klasse ging. Ein energieautarker Bau, der überhaupt keinen ökologischen Fußabdruck hinterlässt.

SCOTTS HÜTTE

Großbritannien

77°38'10"S, 166°25'04"E

Kapazität 30 Personen

Hier warteten 25 Männer auf Scotts Rückkehr von der Expedition zum Pol. Die einzelnen Module wurden in England hergestellt, und die Besatzung baute sie erst in der Antarktis zusammen. Scotts Hütte könnt ihr auch virtuell im Internet besuchen.

JANG BOGO

Südkorea

74°37'38"S, 164°14'16"E

Ganzjährige Station

Kapazität 62 Personen

Eine der modernsten Stationen, die 2014 eröffnet wurde. Entsprechend ihrer Lage erforscht sie die Auswirkungen klimatischer Veränderungen im pazifischen Ozean an den Rändern der Antarktis.

6. JUNI 1911
FEIER ZUM 43. GEBURTSTAG
VON ROBERT FALCON SCOTT.

TAISHAN

China

73°51'50"S, 76°58'27"E

Saisonale Station (Dezember bis Februar)

Kapazität 20 Personen

Liegt tief im Binnenland. Von hier bis zum nächsten Arzt sind es 522 Kilometer. Das ist in der Antarktis eine normale Entfernung, wenn nicht gerade um die Ecke eine weitere Station liegt.

SANAE IV

Südafrika

71°40'37"S, 02°50'42"W

Ganzjährige Station

Kapazität 80 Personen

Der Größe der Stationen und der Anzahl der Leute, die darin arbeiten, entspricht auch die ärztliche Versorgung. Die südafrikanische Station gehört zu den größeren, im Sommer sind hier zwei Ärzte und im Winter einer stationiert. Es gibt einen Operationstisch, ein Röntgengerät, einen Defibrillator und einen Zahnarztstuhl. So ein Antarktisarzt muss wirklich ein vielseitiger Mediziner sein.

JOHANN GREGOR MENDEL

Tschechische Republik

63°48'02"S, 57°52'57"W

Saisonale Station (Dezember bis März)

Kapazität 20 Personen

Die tschechische Station gehört als einzige auf der Welt einer Universität, nämlich der Masaryk-Universität in Brno.

MENSCHEN IN DER

Die Antarktis war nie dauerhaft von Menschen bewohnt, auch heute lebt hier niemand auf Dauer. In der Hauptsaison im Sommer halten sich mehr als 4.000 Menschen auf dem Kontinent auf, im Winter sind es knapp 1.000. Die meisten gehen wissenschaftlicher Arbeit nach. Wer hier für eine längere Zeit bleibt, muss oft spezifische Anforderungen erfüllen. Manche Stationen verlangen, dass ihr euch vor der Ankunft alle Weisheitszähne ziehen oder den Blinddarm entfernen lasst. Auf den kleineren Stationen wird vorausgesetzt, dass jeder kochen kann. Das Wichtigste überhaupt ist aber, dass ihr Abenteuergeist habt und improvisieren könnt. Für eine viermonatige Mission auf der britischen Station Port Lockroy gibt es ca. 300 Bewerberinnen, aber nur 4 werden genommen. Entscheidende Kriterien sind dann zum Beispiel Teamgeist, Selbstständigkeit und technisches Geschick. Ein langer Aufenthalt in der Antarktis kann monoton sein, also langweilig aufgrund der fehlenden äußeren Reize. Wer fährt in die Antarktis und warum?

GLOBETROTTER

Ein Globetrotter ist jemand, der sich auf den Weg hinter den Horizont und ins Unbekannte macht. Er entdeckt Neues, lernt die Welt und sich selbst kennen. Er respektiert die örtliche Kultur, ist rücksichtsvoll gegenüber der Natur und versucht, keine Spuren zu hinterlassen. Im Gegensatz zu ihm will der Tourist seinen Komfort ins Unbekannte mitnehmen und alles vorfinden, was er zu Hause auch hat. Und dafür bezahlt er viel Geld, deshalb werden Hotelkomplexe gebaut, Attraktionen und Vergnügungsparks erfunden und Museumsdörfer gebaut, die wie echte Dörfer aussehen sollen. Inzwischen gibt es auch in der Antarktis Touristen, sie haben hier aber nur begrenzte Bewegungsmöglichkeiten, und das wird wohl auch so bleiben. Wer es hübsch behaglich haben will, der soll zu Hause bleiben.

METEOROLOGINNEN

Ob Wissenschaftlerin, Pilot oder Sportler, in der Antarktis sind meteorologische Nachrichten für alle notwendig. Das Wetter ist so rau und wechselt so schnell, dass es ohne detaillierte Informationen über das Wetter lebensgefährlich werden kann.

LOGISTIKER UND LEITER

Der Logistiker ist ein Organisator, der sich um alle Transporte, Versorgungswege, Ankünfte, Abfahrten usw. kümmert. Je mehr Leute auf der Station sind, desto komplizierter wird die Organisation, und man braucht mehr Spezialisten wie Elektriker, Installateure, Programmiererinnen und andere. Je nach Größe der Station ist der Logistiker manchmal auch der Leiter. Die Station braucht immer einen Chef, weil jemand aufpassen muss, dass alles so funktioniert, wie es soll, dass kein Streit entsteht und jegliche Probleme vermieden werden. Nur dann kann auch jeder seine Arbeit machen. Der Leiter hat ähnliche Befugnisse wie ein Schiffskapitän, und alle sind an seine Entscheidungen gebunden.

KÖCHE

Der Koch ist eines der wichtigsten Mitglieder der Belegschaft. Gutes Essen hebt die Laune der Besatzung wie kaum etwas anderes. Das wusste schon Roald Amundsen nur zu gut. An seiner Entdeckungsreise nahm der Koch Adolf Henrik Lindstrøm teil, der hervorragende Pfannkuchen machte. Amundsen fand, Lindstrøm habe der norwegischen Polarexpedition so große Dienste erwiesen wie kaum ein anderer. Wer satt ist, dem kommen nämliche alle Probleme kleiner vor, und das ist immer praktisch.

WISSENSCHAFTLERINNEN

Antarktika ist ein Kontinent für die Wissenschaft. Die meisten Menschen in der Antarktis sind Wissenschaftlerinnen und Wissenschaftler. Sie teilen alle Forschungsergebnisse untereinander, denn Erkenntnisse sind Allgemeingut, und wenn sie geteilt werden, werden sie ja nicht weniger. Sie erforschen alles, was man erforschen kann. Um alles aufzulisten, was in der Antarktis beforscht wird, bräuchte man diese ganze Doppelseite. Was würdet ihr gerne in der Antarktis erforschen?

PILOTEN UND KAPITÄNE

Wer Verkehr und Versorgung für einen ganzen Kontinent sicherstellt, der hat wirklich was auf dem Kasten. Nichts auf der Welt stellt diese Fähigkeiten so auf die Probe wie die Antarktis. Piloten müssen das sich schlagartig ändernde Wetter beobachten und abschätzen können, ob sie den Rückweg rechtzeitig schaffen. Wenn sie auf einer Schneefläche landen, sind die Lichtbedingungen meistens so verwirrend, dass sie blind landen müssen oder nur mithilfe ihrer Fluginstrumente. Man kann nämlich nicht genau sehen, wo der Boden ist. Die Antarktis ist auch für Schiffe gefährlich. Kapitäne müssen auf das allgegenwärtige Treibeis, auf Stürme und starke Strömungen achten. Auch wenn man einen starken Eisbrecher lenkt, ist es nicht sicher, dass man überall durchkommt. Ein so großes und schweres Schiff ist träge und schwer zu steuern. Es zwischen Eisstücken hindurch zu manövrieren, die so groß sind wie Häuserblöcke, erfordert perfektes Einschätzungsvermögen, Ruhe und Entschiedenheit.

A

SPORTLER
Für Sportlerinnen und Sportler ist die Antarktis eine riesige Herausforderung. Zum Beispiel schafften es Extremsportler wie Colin O'Brady oder Louis Rudd, den ganzen Kontinent zu Fuß zu überqueren, was ungefähr drei Monate dauerte. Auch für Bergsteiger gibt es hier viele Herausforderungen in Form von Bergen, die vor ihnen noch niemand bestiegen hat. Eine Erstbesteigung ist etwas, dem eine abenteuerlustige Bergsteigerseele kaum widerstehen kann.

FEUERWEHR
Kaum jemand erwartet in der Antarktis eine Feuerwehr, aber die Station McMurdo ist so groß, dass sie ein Feuerwehrhaus braucht. Auch wenn es überraschend scheint, ist Feuer in der Antarktis die dritthäufigste Todesursache. Weil es hier so trocken ist und starker Wind weht, breitet sich Feuer rasend schnell aus, und Feuerwehrleute sind mehr als angebracht.

DOKUMENTARISTEN UND KÜNSTLER
Ihnen verdanken wir es, die Schönheit der Natur an fast unerreichbaren Orten bewundern zu können. Der französische Fotograf und Taucher Laurent Ballesta dokumentierte zum Beispiel das Leben unter einem Eisberg in einer Tiefe, in die sich vor ihm noch kein Mensch in der Antarktis vorgewagt hatte. Ein spezieller 90 Kilogramm schwerer Tauchanzug machte es möglich, mit dem er bis zu 5 Stunden unter Wasser bleiben konnte. Kein Taucheranzug ist komplett dicht, und menschliche Haut erfriert im stellenweise −1,8 °C kalten Wasser. Warum hat er das gemacht? „Für das Licht. Nach der Polarnacht ist das Wasser noch ohne Plankton und ganz durchsichtig. Der Meeresboden um die Antarktis ähnelt dann einem üppigen Garten mit Wurzeln, die tief in die Vergangenheit reichen.

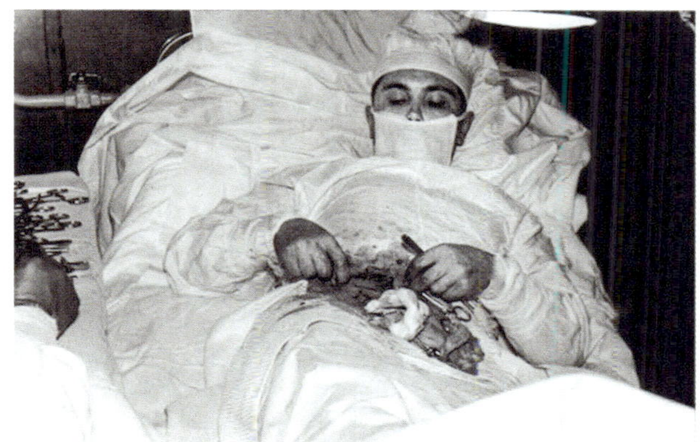

Marstons Radierung „Nachtwächter" aus dem Buch *Aurora Australis*, 1908–1909.

Herbert George Ponting, Eine Höhle in einem Eisberg, im Hintergrund das Schiff Terra Nova, Januar 1911

Die Unterwasserwelt ist hier einzigartig und reicht viele Millionen Jahre in die Vergangenheit zurück. Am mannigfaltigsten ist sie in 70 Metern Tiefe. Die seichten Stellen sind ein weniger stabiles Umfeld, und der Boden ist hier von Treibeis zerfurcht." Unzugängliche Orte können wir nicht nur durch die Augen der Dokumentaristen betrachten, sondern auch dank der Künstler, die uns einen neuen Blick auf diese Welt ermöglichen. Deswegen nahm Ernest Shackleton den Maler George Marston als offiziellen Künstler auf seine Expedition mit. Der malte viele Bilder und arbeitete am allerersten Buch mit, das jemals in der Antarktis gedruckt wurde. Shackleton wollte nichts dem Zufall überlassen, deshalb begleitete ihn außerdem der Fotograf Frank Hurley. Der Fotograf auf Scotts Entdeckungsreise war Herbert Ponting. Beide erstellten Hunderte von Aufnahmen, die uns bis heute begeistern, nicht nur aufgrund ihrer technischen Vollkommenheit.

ÄRZTE
Die Antarktis ist eine beinahe sterile Umgebung, und Expeditionsmitglieder fahren immer gesund auf ihre wissenschaftlichen Missionen. Trotzdem gibt es auf jeder Station einen Arzt oder eine Ärztin. Wahrscheinlich sind hier die meisten Ärzte pro Einwohner auf der Welt. Aber es kann auch zu Situationen kommen, in denen ein Arzt dringend einen Arzt braucht. Das beweist dieses Foto aus dem Jahr 1961. Es zeigt die wahrscheinlich berühmteste Blinddarmoperation der Geschichte. Doktor Leonid Rogozow war der einzige Arzt der Besatzung, und ein Transport kam nicht in Betracht. So führte er die Operation mithilfe eines Spiegels an sich selbst durch, und die Kollegen assistierten ihm. Der Eingriff war erfolgreich, und Rogozow wurde wieder gesund. Auf der australischen Station darf niemand einen Blinddarm haben. Polarforscher müssen außerdem gute Zähne haben, weil die auf die neue Umgebung am empfindlichsten reagieren und am häufigsten der Grund für gesundheitliche Beschwerden sind. Alle Probleme sind in der Antarktis schwerer zu lösen als zu Hause. Es ist immer besser, sie zu vermeiden, als sie zu lösen. Für Gesundheitsprobleme gilt das gleich doppelt.

WAS BRAUCHEN WIR WIRKLICH ?

Was brauchen wir wirklich zum Leben? Luft, Wärme, Trinken, Essen ... und weiter? Das hängt davon ab, was wir vom Leben erwarten. Was ist für uns wirklich unabdingbar? Hängt das Glück von den Dingen ab, die wir besitzen? Wieso konnten die Menschen früher überleben, obwohl sie nicht so viel Ausrüstung hatten wie wir? Oftmals überlebten sie einfach, weil sie sich etwas einfallen ließen. Wenn man sich warm anziehen kann, geht man ja nicht im Unterhemd ins Schneetreiben ... Aber auch wenn wir nicht unbedingt in einem antarktischen Schneetreiben stecken, stellt sich die Frage, ob unser Bedürfnis nach und Bedarf an Dingen uns nicht in eine Falle führt. Wenn wir uns darauf verlassen, dass wir für alle Eventualität ein Werkzeug zur Verfügung haben, was machen wir dann, wenn es mal nicht so ist?

SURVIVAL KIT

Was sollte darin enthalten sein? Es gibt viele Empfehlungslisten, aber das Wichtigste ist, überhaupt eines zu haben. Der Inhalt hängt auch davon ab, wohin ihr reist. Alles, was darin laut Jarda Pavlíček auf keinen Fall fehlen sollte, seht ihr hier. Ihr könnt die Sachen in eine kleine Dose packen, die ihr dann auch noch zum Auffangen von Tropfwasser benutzen könnt. In ein Survival Kit sollte man möglichst wenige Dinge packen, die man auf möglichst viele Arten benutzen kann. Sekundenkleber zum Beispiel eignet sich nicht nur zum Kleben, sondern auch zum Feuer anfachen, weil er hervorragend brennt.

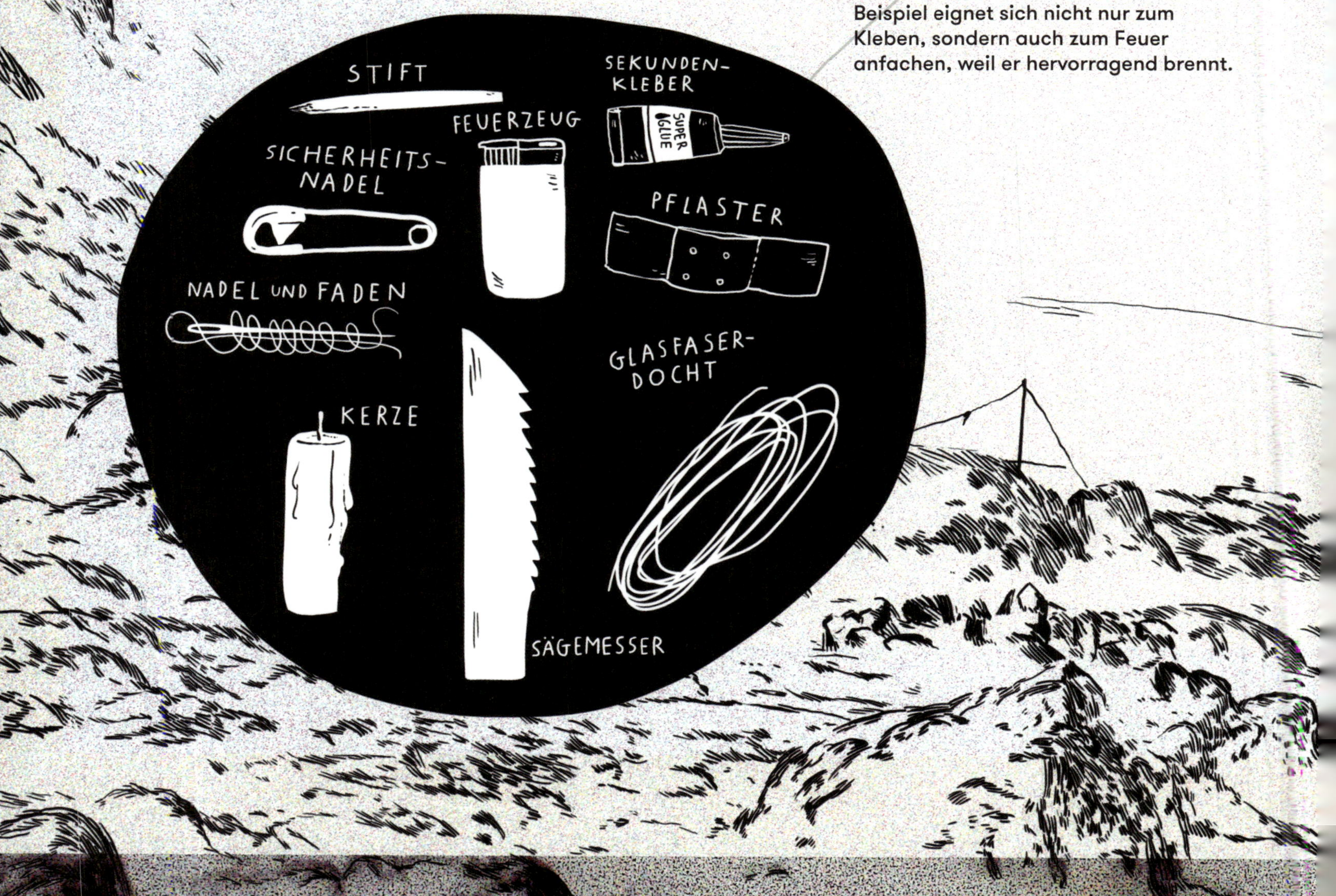

Jarda Pavlíček, tschechischer Überlebenskünstler und Autor des Buches „Der Mensch in der rauen Natur", erforscht schon seit Langem, wie man mit sehr wenig leben und überleben kann. In der Antarktis (und nicht nur dort) kann immer etwas passieren, und dann ist es manchmal eine Frage von Leben oder Tod, ob man sich zu helfen weiß. Um die Überlebensmöglichkeiten unter richtig schwierigen Bedingungen zu untersuchen, baute er in der Antarktis die Station Eco-Nelson. Dort verbrachte er Dutzende Monate und lernte Vieles über das Leben von Menschen unter extremen Bedingungen. Darüber hält er auf der ganzen Welt Vorträge.

Seine zehn Überlebensregeln lauten:

1. NICHT DEN KOPF VERLIEREN
2. SCHUHE, FEUERZEUG UND SURVIVAL-KIT ZUR HAND HABEN
3. OBERSTE PRIORITÄT HAT SICHERHEIT, DANN KOMMT WÄRME, DANN WASSER UND DANN DER REST
4. ANDEREN HELFEN
5. IMMER EINEN PLAN B HABEN
6. SPARSAM SEIN, AUCH MIT WÖRTERN
7. IMMER TÄTIG SEIN ODER SCHLAFEN
8. VIEL TRINKEN
9. MUT IST NICHT GLEICH RISIKOSPIEL
10. GESUNDE ANGST HABEN

JAROSLAV PAVLÍČEK (*1943)

Die Geschichte von Shackletons Expedition ist ein fantastisches Beispiel für die neunte Regel. So konnte die ganze Besatzung überleben.

PEACEFUL REPORTS FROM A PEACEFUL LAND

SOUTH POLAR NEWS

THE WEATHER:
Fresh, shifting winds, becoming northwest.
For full weather report see page 17.

NO. 1 DECEMBER 2017 FREE

Im Spätwinter 2017, als auf der Südhalbkugel gerade der Sommer begann, bekamen wir die Möglichkeit, die Antarktis selbst zu erleben. Jarda Pavlíček machte uns mit Kapitän Jiří Denk bekannt, der mit seinem Segelschiff Altego II hinfuhr und uns mitnahm. Uns? Das sind ich, der Autor dieses Buchs über die Antarktis, mein Freund Jirka Franta, ein Künstler, mit dem ich schon viele Jahre zusammenarbeite, und meine zwei ältesten Söhne Jáchym und Oliver, weil ich es gut finde, die Kinder zur Arbeit mitzunehmen (vor allem, wenn sie wirklich Spaß macht). Jáchym feierte in der Antarktis seinen 13. Geburtstag, Oliver war 10 Jahre alt. So kamen wir an diesen Ort, zu dem wir überhaupt keinen Vergleich haben. Die Berge am Horizont und die vielfältige Landschaft, die Schnelligkeit, mit der sich das Wetter verändert, die majestätischen Eisberge; Pinguine, Robben und Wale, die hier unbekümmert durchs Schneetreiben promenieren. Wir waren völlig verzaubert von der sich ständig verändernden Natur, die keine Spuren von menschlichen Eingriffen aufweist. Der Priester und Naturwissenschaftler Marek Orko Vácha, der einige Zeit in der Antarktis verbracht hat, bezeichnet das treffend als „verschwenderische Schönheit". Auf dem Schiff, mit dem wir am antarktischen Ufer entlang gefahren sind, verging die Zeit ganz anders. Im Sommer geht dort die Sonne nicht unter, deshalb ähnelte unsere Entdeckungsreise einem Traum. Obwohl wir nur ein kleines Stück der Antarktis gesehen haben und nur kurz dort waren, hat diese Erfahrung meinen Blick auf ganz viele Dinge verändert. Jeder von uns entwickelt seinen ganz persönlichen Blick auf die Welt, und so sieht an ein und demselben Ort jeder etwas anderes. Jirka hat für dieses Buch den Comic über die Seekrankheit gezeichnet, die er im Gegensatz zu mir bekommen hat. Allein das illustriert ganz gut, dass zwei Leute, die am selben Ort sind, eine jeweils andere Erfahrung machen.

WIE SOLL MAN BESCHREIBEN, WIE ES HIER AUSSIEHT? SO, ALS WÜRDE MAN DIE ALPEN VERSENKEN UND EISBERGE HINZUFÜGEN.

Aus den Reisetagebüchern von Jáchym und Oliver Böhm

November / Dezember 2017

• JÁCHYM – 27. 11. 2017
Ich kann es kaum glauben, aber jetzt ist es soweit, kurz vor dem Abflug, ich sitze am Prager Václav-Havel-Flughafen, hab Hunger und warte auf das Flugzeug, super :-)

• OLIVER – 28. 11. 2017
In einer Stunde landen wir. Wir fliegen mit dem drittgrößten Flugzeug der Welt, es heißt Boeing 747-8. Das ist das größte Flugzeug, mit dem ich je geflogen bin. Find ich gut. Der ganze Flug dauert 14 Stunden. Als wir am Flughafen in Frankfurt waren, konnten mein Bruder und ich es kaum erwarten, damit zu fliegen. Es hat zwei Stockwerke und an jedem Sitz einen kleinen Fernseher, mit dem man die Aufnahmen der Kamera vorne am Flugzeug sehen und Filme schauen kann. Ich habe geschaut: Ich – Einfach unverbesserlich 3, Wolverine und Planet der Affen: Survival. Wir haben Abendessen und Frühstück bekommen. Der Flug war über Nacht.

• OLIVER – 30. 11. 2017
Wir sind auf dem Schiff im Hafen und können nicht ablegen, weil der Wind so stark ist. Wir wissen nicht, wie lange wir nicht ablegen können. Das ist echt spannend.

• JÁCHYM – 5. 12. 2017
Ich habe zwei riesige Eisberge gesehen, zuerst haben wir sie lange über Radar beob-

achtet – ungefähr eine halbe Stunde lang. Ich hab das Gefühl, dass die Zeit hier eine ganz andere ist, der Kapitän hat gesagt, das Flugzeug gibt einem Freiheit im Raum und das Schiff Freiheit in der Zeit, und mir ist dazu eingefallen, ein Wasserflugzeug gibt einem Freiheit in der Raumzeit.

...

Angeblich hab ich zweimal im Schlaf geredet. Ich hab das Gefühl, dass ich hier viel mehr träume als normal.

• OLIVER – 6. 12. 2017
Die Fahrt von Ushuaia zur Antarktis hat 72 Stunden und 28 Minuten gedauert (das habe ich gestoppt). Gestern waren wir auf der ehemaligen Walfangstation auf Deception Island. Ich habe einen Pinguin gesehen, der am Meer entlang marschiert ist, und Pinguine, die am Ufer rumlagen. Es gab dort einen Sturmvogel und viele abgerissene Häuser und andere Gebäude. Da war ein total eingestürztes Haus, und nur das Dach schaute noch aus dem Schnee, auch ein kaputter Traktor war da.

• OLIVER – 9. 12. 2017
Wir haben vor der chilenischen Station González Videla geankert, wir waren an Land und haben Hunderte Pinguine gesehen, sogar ein Albino war da. Heute kam die neue Besatzung an der Station an, zehn Leute bleiben hier für sechs Monate. Im Schnee um die Pinguinnester herum war superviel Pinguinkot, und es roch wie im Kuhstall.

Nacht 6.–7. 12.
Olivers Traum

Ich habe geträumt,
dass wir an einer
Brüke in Buenus
Aires waren und
jemand runtergefallen ist.
Da tauchte ein Wal Auf
und frass ihn. Am
Morgen, als ich die
Augen Noch zu hatte,
träumte ich dann,
dass ich, Jirka Franta
und Papa an einer
ähnlichen Brücke waren
wie vorher, und
auf der Brücke waren
so Stufen.
Da tauchte der Wal auf
und wir haben ihn
gestreichelt und uns
mit ihm unterhalten.

• JÁCHYM – 11. 12. 2017
Wie würde ich die Antarktis beschreiben? Am ehesten kann man sagen, sie verzaubert einen, man kann stundenlang eine Sache anschauen und erfriert gar nicht ...

• JÁCHYM – 12. 12. 2017
Wir waren außerhalb des Schiffes, aber nicht an Land, wir waren auf gefrorenem Meer auf dem Eis, auf dem sich Robben „gesonnt“ haben, sie waren ganz schön blutverschmiert, wahrscheinlich haben sie miteinander gekämpft. Oliver hat versucht nachzumachen, wie sie sich bewegen, das war aber eher witzig als ähnlich.

• JÁCHYM – 16. 12. 2017
Wir sind von der Antarktis wieder abgereist, es war super und ging schnell vorbei. Jetzt erwartet uns die fünftägige Fahrt durch die Drakepassage, ich bin schon jetzt fast sicher, dass es nicht das letzte Mal ist, dass ich diese weiße Landschaft sehe. Noch nie hat mich ein Ort so beeindruckt.

• OLIVER – 19. 12. 2017
Als wir vor der Antarktis abgelegt haben, habe ich nicht mal geschafft zu winken und musste schon kotzen. Die Drakepassage war okay. Wir sehen schon Festland. Wir fahren zur Estancia Haberton, wo wir ungefähr zwölf Stunden ankern, sagt der Kapitän. Wir sind von der Antarktis aus schon fünf Tage und Nächte unterwegs. Es ging mir besser als auf der Hinfahrt, aber trotzdem habe ich die meiste Zeit gelegen oder geschlafen. Unterwegs haben wir fünf neugierige Schwertwale gesehen (die hat der Kapitän hier zum ersten Mal gesehen), und ein Wal ist gegen das Schiff gestoßen, Papa hatte gerade draußen Wache, und der Wal war so nah, dass er ihn fast berührt hätte. Auf der ganzen Strecke waren alle möglichen Vogelarten bei uns. In der Antarktis haben wir zwei Pinguinarten gesehen, am meisten haben wir Eselspinguine gesehen (mehrere Kolonien) und dann noch wahrscheinlich Zügelpinguine, aber nur ein paar. Wir haben auch eine Weddellrobbe gesehen.

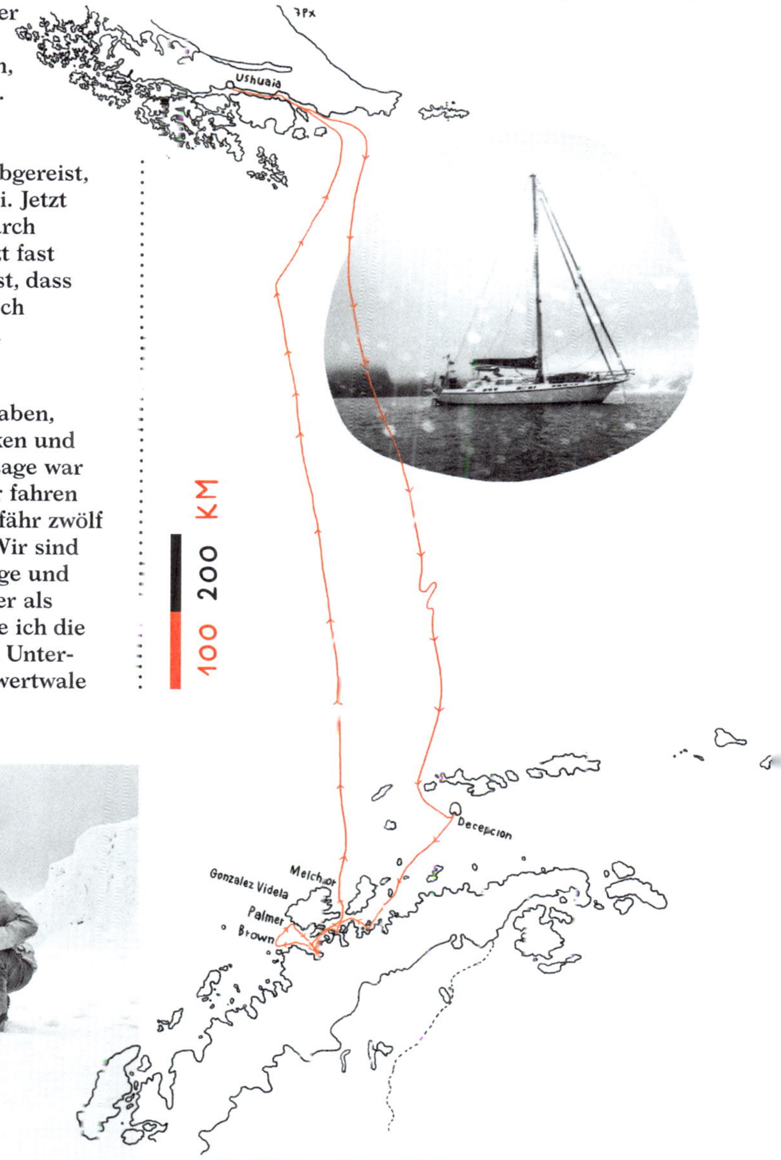

• OLIVER – 22. 12. 2017
Gestern waren wir in der irischen Kneipe Dublin in Ushuaia, da war es lustig. Wir haben die glückliche Rückkehr aus der Antarktis gefeiert, ich hatte Pommes, Pomelosaft und Kaffee, der Kapitän wundert sich immer, dass ich Kaffee trinke, aber jetzt schon weniger als am Anfang der Reise.

• JÁCHYM – 24. 12. 2017
Jetzt haben wir fast die ganze Rückreise hinter uns, ich sitze im Flugzeug in Frankfurt und warte auf den letzten Flug. Ich freue mich schon voll auf zu Hause. Wenn wir ankommen, hole ich mir sofort die Gorillaz Tasse und schneide mir ein Brot ab, mach Butter drauf und Salz, dazu gieße ich Milch in die Tasse und dann geht's mir gut. Vor mir liegen eineinhalb Stunden Flug und hinter mir ein Monat, den ich nie vergessen werde. Das ging unglaublich schnell vorbei, gerade erst waren wir an demselben Flughafen, an dem ich jetzt bin. Und wir haben das riesige Flugzeug Boeing 747 angeglotzt und konnten kaum glauben, dass es schon soweit war.

WENN JEMAND BEHAUPTET, DASS IN DER ANTARKTIS NICHTS IST, DANN FRAGT IHN MAL

WIE DENN DIESES „NICHTS" ÜBERHAUPT AUSSIEHT. BESTIMMT NICHT SO WIE DIE ANTARKTIS...

CHRONIK EINES

1773 Der britische Seefahrer James Cook überquert auf seiner zweiten Fahrt mit den Schiffen Resolution und Adventure wahrscheinlich als erster den südlichen Polarkreis. Er betritt Eis, aber noch nicht den antarktischen Kontinent.

1820 Am 26. Januar hält Fabian Gottlieb von Bellingshausen, ein Offizier der russischen Marine, der das Schiff Wostok führt, den ersten Blick auf die Antarktis fest. „Hinter dem Eisfeld und den Inseln ist ein eisbedecktes Festland zu sehen, dessen Ufer steil ins Meer abfallen. Sie ziehen sich, soweit das Auge reicht. Sie erheben sich in Richtung Süden und sehen wie eine richtige Küste aus. Die flachen, mit Eis bedeckten Inseln in der Nähe des Ufers entstanden wahrscheinlich durch Abtrennung von jenem Festland, denn an ihren Rändern ist die Oberfläche ähnlich der am Festland."

1901–1903 Die erste deutsche Antarktis-Expedition auf dem Forschungsschiff Gauß, angeführt vom Geographen Erich von Drygalski. Er nennt ein Stück der antarktischen Küste Kaiser-Wilhelm-II.-Land. Später reist Drygalski mit Graf Zeppelin in die Arktis, um die Tauglichkeit von Luftschiffen unter den dortigen Bedingungen zu begutachten.

1902–1904 Erste Expedition von Robert F. Scott ins Binnenland der Antarktis. An der Reise nimmt unter anderem Ernest Shackleton teil. Bei dieser Expedition sondieren sie das Gebiet unter anderem mithilfe eines Heißluftballons.

1909 Die Expedition Nimrod bricht in Richtung Pol auf, geleitet von Ernest Shackleton. Als die Expeditionsteilnehmer nur noch 160 Kilometer vom Ziel entfernt sind, drehen sie wegen des schlechten Wetters und ihrer Erschöpfung wieder um. Hätten sie das nicht gemacht, hätten sie wahrscheinlich nicht überlebt. Während des polaren Winters schreiben und drucken Shackleton und seine Männer das erste Buch, das in der Antarktis herauskommt, es heißt „Aurora Australis" (Südliches Polarlicht). Shackleton hatte es bereits geplant, darum hat die Expedition eine Schreibmaschine dabei und eine Druckerpresse. Ein paar Besatzungsmitglieder haben vor der Abfahrt einen Druckerkurs absolviert. Für die Bindung werden Holzplatten von Versorgungskisten verwendet und durch einen ledernen Buchrücken verbunden. Es werden ca. 100 Stück gedruckt und nach der Rückkehr an die Teilnehmer, ihre Bekannten und die Sponsoren der Expedition verteilt.

1911 Scott und Amundsen wetteifern darum, als Erste den Südpol zu erreichen.

1915 In den Jahren 1915 und 1916 veröffentlicht die Firma Imperial Tobacco (John Player & Sons) eine Serie von Bildkarten mit den bekanntesten Szenen von der Erkundung der Antarktis. Man erhält sie beim Kauf von Zigaretten.

1914–1917 Shackleton will mit seiner Expedition die Antarktis zu Fuß überqueren.

1919 Frank Hurleys Film „South" kommt in die Kinos, der aus exklusiven Aufnahmen und Fotos von den Reisen Ernest Shackletons besteht.

1929 Richard Evelyn Byrd fliegt als erster über den Südpol.

1932 Dr. Václav Vojtěch nimmt an einer Expedition von Richard E. Byrd teil und ist damit der erste Tschechoslowake in der Antarktis. Später schreibt er ein Buch darüber. Einen Monat nach Erscheinen des Buches ertrinkt er bei einem tragischen Unfall während einer Kanufahrt auf der Elbe.

1935 Am 20. Februar betritt die dänisch-norwegische Forscherin Caroline Mikkelsen als erste Frau den Kontinent. Frauen haben es nicht leicht in der Antarktis, noch lange gibt es das Vorurteil, dass sie nicht widerstandsfähig genug seien, um die extremen Temperaturen und Krisensituationen auszuhalten. Der US-amerikanische Kongress verbietet Frauen noch bis 1969, die Antarktis zu betreten.

1957–1958 Vom 1. Juli 1957 bis 31. Dezember 1958 dauert das internationale geophysikalische Jahr. Ein außergewöhnliches wissenschaftliches Projekt, weil trotz der heißen Jahre des Kalten Kriegs 67 Länder daran teilnehmen und es die Erstellung des Antarktisvertrags anregt.

ANNÉE GÉOPHYSIQUE INTERNATIONALE 1957 1958 INTERNATIONAL GEOPHYSICAL YEAR

LEEREN KONTINENTS

1959	Der Antarktisvertrag wird unterschrieben. Jippie!
1979	Am 28. November stürzt ein Flugzeug aus Neuseeland auf den antarktischen Vulkan Mount Erebus. Es war ein Rundflug über der Antarktis, das Flugticket kostete umgerechnet ca. 1.000 Euro. Ursprünglich hatte auch der Mount-Everest-Bezwinger Edmund Hillary an Bord sein sollen, er ließ sich jedoch wegen anderer Verpflichtungen entschuldigen. Das Flugzeug stößt aufgrund von Navigationsfehlern mit dem Vulkan zusammen, alle 277 Leute an Bord sterben. Es ist der größte Unfall in der Geschichte des Kontinents.

1982	Der Horrorfilm „The Thing“ (Das Ding) kommt in die Kinos, er spielt auf einer Antarktisstation.
1989	Der Deutsche Arved Fuchs und der Südtiroler Reinhold Messner überqueren die Antarktis zu Fuß. Sie verbringen die Monate, als der eiserne Vorhang fällt, die Menschen die Berliner Mauer niederreißen und Europa zu neuem Leben erwacht, am Südpol.
2002	Seit diesem Jahr gibt es eine offizielle Antarktis-Flagge. Sie wurde von Vertretern jener Länder ausgesucht, die den Antarktisvertrag unterschrieben haben.

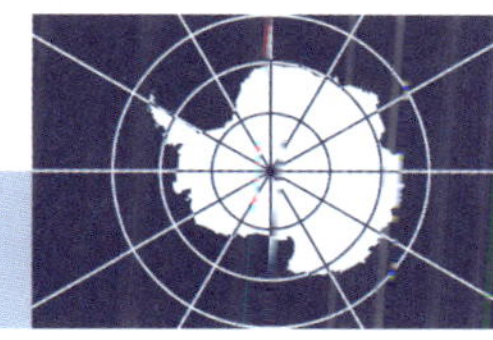

2013	Am 8. Dezember spielt die Band Metallica in der Kuppel der argentinischen Basis Carlini ein Konzert, es heißt „Freeze‘Em All“ (Friert sie alle ein). Im Saal sind ca. 120 Polarforscherinnen und Polarforscher. Die, die nicht mehr hineinpassen, hören draußen mit Kopfhörern zu. Metallica ist nicht die erste Band, die in der Antarktis spielt, Schon 2007 gründeten Wissenschaftler von der britischen Station die Indie-Rock-Gruppe Nunatak.
2015	Erfindung des Antarktis-Emojis in verschiedenen Varianten für verschiedene Betriebssysteme.

2016	Am 31. Januar präsentiert das Münchener Opernhaus die Premiere des Werks „South Pole“, geschrieben vom tschechischen Komponisten Miroslav Srnka und vom australischen Librettisten Tom Holloway. Es fängt mit kraftvollem Operngesang an, aber da das Gefühl der Erschöpfung sich nicht nur in der Musik, sondern auch im Gesang selbst niederschlagen soll, werden die Stimmen allmählich ruhiger und weniger pompös. Baritone verkörpern die norwegischen Entdecker, weil ihre Stimmen intuitiv natürlicher und urwüchsiger klingen, Tenöre wegen ihrer überspannten, zerbrechlicheren und akustisch schmaleren Stimmen die britischen Polarforscher. Robert F. Scott wird vom Tenor Rolando Villazón, Roald Amundsen vom Bariton Thomas Hampson verkörpert.

Trailer SOUTH POLE | Conductor: Kirill Petrenko

2016	Am Kap Adare wird ein Obstkuchen gefunden, der wahrscheinlich von der Scott-Expedition Terra Nova stammt und in der Eiseskälte hundert Jahre überdauert hat. „Sein Duft und Aussehen waren fast wie neu. Nur wenn man näher heranging, konnte man riechen, dass die Butter nicht ganz frisch war“, sagt ein Konservator dazu.

2018	Am 9. Oktober gibt es den ersten Mordversuch auf antarktischem Boden. Er wird auf der russischen Station Bellingshausen verübt. Der vierundfünfzigjährige Elektriker Savitskij greift während des Mittagessens nach einem Messer und sticht damit dem zwei Jahre jüngeren Schweißer Beloguzov in die Brust. Grund dafür ist, dass der ihm immer wieder verraten hat, wie die Bücher endeten, die er gerade las. Beloguzov überlebt den Vorfall mit schweren Verletzungen.

Es ist in der Antarktis verboten zu jagen, ausgenommen Fische für den Eigenbedarf. Man darf auch keine Haustiere dorthin bringen und überhaupt nichts, was dort nicht hingehört. Die Regeln sind so streng, dass sogar überwacht wird, dass niemand aus Versehen einen Samen am Schuh einführt, der in der Antarktis Wurzeln schlagen könnte. Das würde nämlich das Gleichgewicht der Natur stören. Hier nicht heimische Tiere oder Pflanzen könnten einen solchen Einfluss auf die neue Umgebung nehmen, dass es für alle heimischen Lebewesen und Pflanzen schlimme Folgen haben könnte. Und der Mensch, der den ganzen Erdball immer weiter nach seiner oft ziemlich unschönen Vorstellung formt? Gilt es auch für ihn?

PLASTIKZEIT

So wie die Antarktis das Wetter auf der ganzen Erdkugel beeinflusst, so kann auch das, was auf der anderen Seite des Planeten geschieht, die Antarktis beeinflussen. Zum Beispiel sind die Ozeane, die die Küsten aller Kontinente umspülen, voll mit dem Müll der Menschen. In dieser Sekunde schaukeln mehr als 150 Millionen Tonnen Plastik in den Wellen. Eine PET-Flasche ist erst nach etwa 100 Jahren vollständig zersetzt, und das bedeutet, dass das Meer noch sehr lange verschmutzt sein wird. Ein Großteil des Plastiks ist außerdem in kleinere Stückchen zerfallen, man nennt sie Mikroplastik. Die kann man nicht sehen, und sie sind so winzig, dass sie dahin gelangen, wo wir sie nicht vermuten, etwa ins Süßwasser und in viele Lebensmittel, die wir essen, zum Beispiel Fleisch. Wir essen und trinken Plastik, ohne es zu wissen. Im Jahr 2019 wurde der tiefste Tauchgang überhaupt durchgeführt, 10.927 Meter tief. Wie groß war da das Erstaunen des Matrosen im U-Boot, als er am Meeresboden eine Plastiktüte fand und ein Bonbonpapier. Unser Müll überholt uns schon beim Erkunden der Orte, an denen noch nie ein Mensch war.

WAS TUN?

Kann Müll auch ein Rohstoff sein? Das holländische Paar Edwin und Liesbeth ter Velde begann, anders über Plastikmüll nachzudenken. Welches Potenzial darin steckt, das wird sich erst noch zeigen. Aber weil es auf der Welt ungefähr 8 Milliarden Tonnen Plastik gibt, von denen 7 Milliarden Müll sind, klingt es nach einer guten Idee. Mit einer Gruppe von gleichgesinnten Enthusiasten stellten sie aus Plastikmüll Fasern für einen 3D-Drucker her. Dann druckten sie leichte und gleichzeitig feste Plastikteile, aus denen sie ein lustiges Gefährt bauten. Um die Gebrauchsfähigkeit ihres Müllmaterials zu beweisen, beschlossen sie, damit zum Südpol zu fahren, weil es nicht so viele Orte gibt, wo man eine neue Technologie unter extremen Bedingungen testen kann. Das Fahrzeug heißt Solar Voyager, es wiegt 1.485 Kilogramm, ist 16 Meter lang und fährt höchstens 8 Stundenkilometer schnell. Es ist vollkommen ökologisch, weil es mit Sonnenenergie fährt und zu seiner Ausstattung sogar spezielle Pumpen gehören, die Trinkwasser aus Schnee gewinnen. Der „Solar Voyager“ erreichte den Pol am 12. Dezember 2018.

SOLAR VOYAGER

BERÜHRUNG MIT DEM MENSCHEN

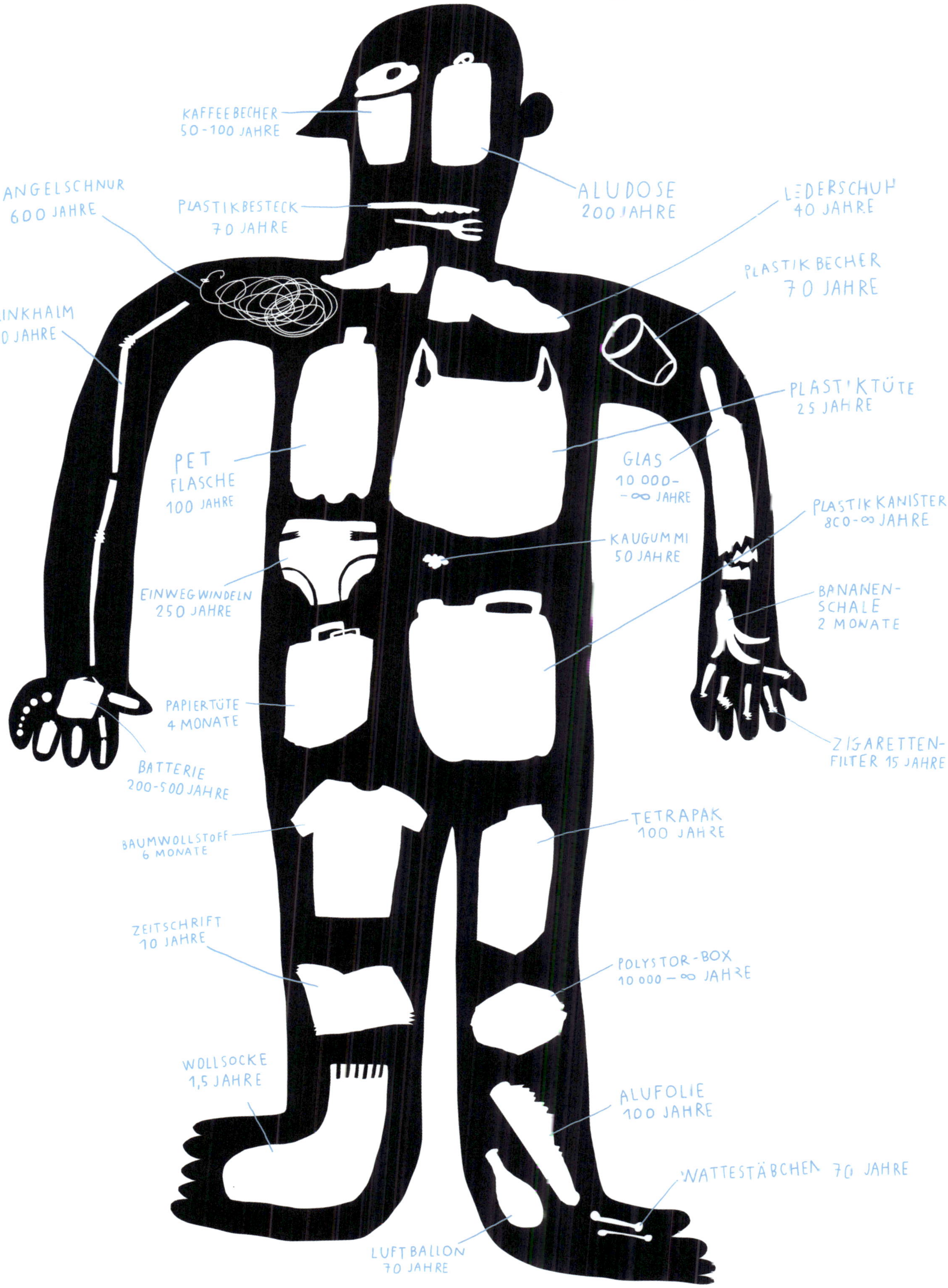

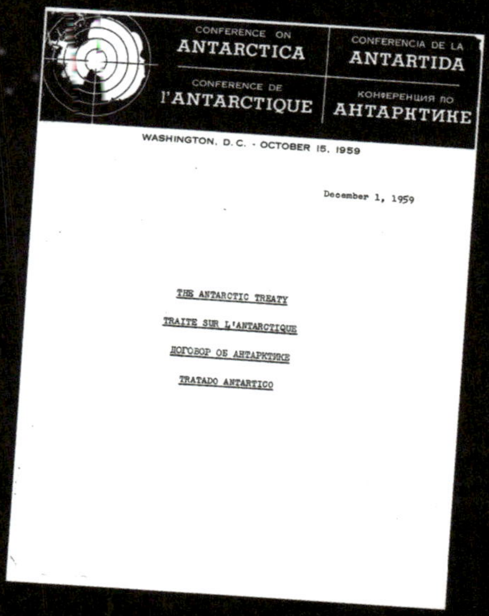
CONFERENCE ON ANTARCTICA
CONFERENCIA DE LA ANTARTIDA
CONFERENCE DE l'ANTARCTIQUE
КОНФЕРЕНЦИЯ ПО АНТАРКТИКЕ

WASHINGTON, D.C. - OCTOBER 15, 1959

December 1, 1959

THE ANTARCTIC TREATY

TRAITE SUR L'ANTARCTIQUE

ДОГОВОР ОБ АНТАРКТИКЕ

TRATADO ANTARTICO

SO GEWÖHNLICH SIEHT DER VERTRAG AUS, DER FÜR DEN GANZEN KONTINENT SO WICHTIG IST.

Der Antarktisvertrag ist eine einzigartige internationale Vereinbarung, der bis zum heutigen Tag 54 Länder beigetreten sind. Er wurde am 1. Dezember 1959 unterschrieben. Aus ihm geht hervor, dass die Antarktis ein Stück Erde ist, auf dem sich die Leute anders verhalten als sonst auf der Welt. Man darf in der Antarktis keinen Krieg führen, keine militärischen Anlagen aufbauen und keine militärischen Übungen durchführen. Keiner darf hier mineralische Rohstoffe fördern. Der Kontinent ist bestimmt für die freie wissenschaftliche Forschung, deren Erkenntnisse keine Staatsgeheimnisse, sondern für die ganze Welt zugänglich sind. Keine Macht und kein Land darf einen Teil des Kontinents für sich beanspruchen. Darum spielt es hier keine Rolle, wer welche Nationalität hat, in der Antarktis sind alle nur Erdbewohner. Der Vertrag gilt allerdings nur bis zum Jahr 2048, und in der Antarktis befinden sich viele Mineralvorkommen. An so einem Ort Rohstoffe zu fördern, wäre so teuer, dass es sich heute für niemanden lohnt. Aber wenn die Förderung durch eine zukünftige Technologie billiger wird oder die Nachfrage nach Rohstoffen steigt? Schon deshalb ist es wichtig, dass der Vertrag weiterhin gilt. Und genauso wichtig ist es, die natürlichen Rohstoffe anders zu begreifen als bisher. Allen sollte endlich klar werden, dass die Menschen nicht die einzigen Bewohner des Planeten Erde sind und dass die Natur kein Materiallager ist …

Der Vertrag ist in vier Sprachen geschrieben: Englisch, Französisch, Spanisch und Russisch.

Am Südpol stehen 12 Flaggen, die die Erstunterzeichner des Antarktisvertrags repräsentieren. Zwischen ihnen steht eine Spiegelkugel, darin spiegelt sich die Umgebung und, wenn man sie sich dazudenkt, die ganze Welt. Auch wenn wir die Kugel nie mit eigenen Augen sehen werden, können wir aus ihr herauszulesen versuchen, was mit unserer Erdkugel passieren wird, und vor allem – wie wir es beeinflussen können. Es liegt in unseren Händen, die Erde ist unser Zuhause und wir haben keinen Planeten B.

ANTARKTISVERTRAG

Wie lang ist dieser Strich? Kurz? Und wenn es das Bild von einem Strich ist, aus einer Höhe von mehreren Kilometern, sodass der Strich in Wirklichkeit riesig ist?

Im Gegensatz zu den meisten Orten auf der Welt gibt es in der Antarktis nicht sehr viele Orientierungspunkte, die uns helfen, Entfernungen einzuschätzen. Und wenn der Maßstab fehlt, können wir selbst der Maßstab sein. Dann hängt es nur von uns ab, was groß, was klein ist, was wir schaffen und was nicht. Ist ein Kilometer in der Unendlichkeit viel oder wenig? Und tausend Kilometer? Oder eine Million Kilometer? Der Antarktisvertrag regelt, dass auf diesem Kontinent alle friedlich und kooperativ im Interesse der Menschheit zusammenarbeiten. Stellt euch vor, ihr würdet den Maßstab eures Denkens ändern und mit diesem Blick auch den Rest der Welt betrachten: Nicht nur auf dem faszinierenden Kontinent hinter dem südlichen Polarkreis, sondern überall auf der Welt könnten alle friedlich und kooperativ im Interesse der Menschheit zusammenarbeiten.

Es gibt nicht mehr viele Orte auf der Welt, wo der Mensch noch nicht war. Es scheint, als gäbe es nichts mehr zu entdecken. Dabei ist das doch die schwierigste Aufgabe: die Welt neu entdecken, auf eine Art und Weise, wie wir sie noch nie betrachtet haben. Lernen, ihren Reichtum und ihre Vielfalt so zu nutzen, dass wir keine ökologische Verwüstung hinterlassen, dass sie auch in tausend Jahren noch ein faszinierender Ort ist und diejenigen ernährt, die nach uns hier leben werden.

WAS IST GROSS?

WAS IST WEIT?

WAS IST WILD?

WAS IST NEU?

WAS IST ZEIT?

WIE SPÄT IST ES?

WAS IST WICHTIG?

SCHAUT EUCH UM UND DENKT
DARÜBER NACH, WAS IHR SEHT.
WAS IHR WIRKLICH SEHT...

SEE YOU
IN THE
FUTURE

Ohne die Hilfe von anderen Menschen hätte dieses Buch nicht entstehen können.

Ich danke:
Hans Koch, für sein Vertrauen und die Großzügigkeit,
Jarda Pavlíček, dass er mich mit dem Antarktisinteresse angesteckt hat,
Jirka, Jáchym und Oliver, dass sie mitgekommen sind,
Kapitän Jirka Denk, dass er uns dorthin mitgenommen hat,
Eva Semotanová, Akademie der Wissenschaften der Tschechischen Republik,
und Daniel Nývlt, Leiter der tschechischen Antarktik-Forschung
an der Masaryk-Universität in Brno,
Laura Mitroliosová und František Marčík
vom Institut für Kreislaufwirtschaft in Prag
und vielen anderen …

A wie ANTARKTIS

Text und Illustrationen von David Böhm

Aus dem Tschechischen von Lena Dorn
Redaktionell bearbeitet von Ondřej Buddeus

Layout und Satz von Štěpán Malovec, Praha
Bildbearbeitung von PPP Pre Print Partner, Köln
Die Pinguine wurden genäht von Dita Rakouská AKA dr.Laborátor (dr-laborator.blogspot.com)
Karte auf S. 11: Nationalbibliothek der Tschechischen Republik,
sign. 19 A 12, fol. 2v.
Fotos der Modelle auf S. 42–43, 28–31, 44–45, 56–59 von Pavel Horák
Comic auf S. 36–39 von Jiří Franta
Karte auf S. 16–17 von Petr Dušánek

Die Übersetzung dieses Buchs wurde vom Ministerium für Kultur der Tschechischen Republik gefördert.

Bibliografische Information der Deutschen Nationalbibliothek
Die Deutsche Nationalbibliothek verzeichnet diese Publikation in der Deutschen Nationalbibliografie;
detaillierte bibliografische Daten sind im Internet über http://dnb.d-nb.de abrufbar.

Gedruckt auf chlor- und säurefreiem Papier und gebunden bei Finidr in Český Těšín.

ISBN 978-3-7920-0371-8
www.karl-rauch-verlag.de

DAVID BÖHM (* 1982) ist Absolvent der Akademie für Bildende Künste in Prag, außer in Buchpublikationen waren seine Arbeiten bereits in Galerien in New York, Berlin, Kiew und anderen Städten zu sehen. Er ist Co-Autor unserer Bücher *Kopf im Kopf* und *Wie kommt die Kunst ins Museum.*

LENA DORN hat in Göttingen und Berlin Slavistik und Geschichte studiert. Für den Karl Rauch Verlag hat sie Romane von Vratislav Maňák sowie *Tippo und Fleck* von Barbora Klárová (u. a.) und *Wie kommt die Kunst ins Museum* von Ondřej Chrobák (u. a.) übersetzt.